W0344980

RÉSISTER

DU MÊME AUTEUR

Le Mai de la CGT, Julliard, 1972.

Lutter, conversation avec Philippe Dominique, Stock, 1975 ; Le Livre de poche, 1978.

Le 1er Mai, les 100 printemps, Messidor/Éditions sociales, 1989.

La Grève, L'Archipel, 1993.

GEORGES SÉGUY

RÉSISTER

De Mauthausen à Mai 68

l'Archipel

En couverture : négociations de Grenelle, ministère du Travail, 25 mai 1968.
sur le côté gauche, on reconnaît René Buhl, Jean-Louis Moynot, Benoît Frachon et Henri Krasucki. Derrière Georges Séguy (de face) : André Berteloot.

www.editionsarchipel.com

Si vous souhaitez recevoir notre catalogue et être tenu au courant de nos publications, envoyez vos nom et adresse, en citant ce livre, aux Éditions de l'Archipel,
34, rue des Bourdonnais 75001 Paris.
Et, pour le Canada, à
Édipresse Inc., 945, avenue Beaumont,
Montréal, Québec, H3N 1W3.

ISBN 978-2-8098-0049-4

Copyright © L'Archipel, 2008.

À ma famille

Avant-propos

En mai 2005, lors du soixantième anniversaire de la victoire sur l'Allemagne nazie et de la libération des camps de la mort, journaux, radios et télévisions m'ont sollicité pour témoigner de mon internement à Mauthausen, de mars 1944 à mai 1945. Cette médiatisation évoquant mon engagement dans la Résistance dès quinze ans, mon arrestation par la Gestapo à dix-sept ans suivie de ma déportation, a surpris nombre de ceux qui ne connaissaient de mon parcours que mes responsabilités syndicales. Du coup, l'idée de raconter ces trois premières années de ma vie militante m'a été vivement suggérée, non seulement par plusieurs de mes amis, mais par des personnes de différentes sensibilités : historiens, enseignants, élus, sans oublier les nombreux élèves des lycées ou des collèges où je suis fréquemment invité à témoigner – sans jamais le regretter – de ce que furent la Résistance et la barbarie nazie.

À l'occasion de ce soixantième anniversaire, j'ai en outre entendu de hauts responsables de l'État insister sur l'importance du « devoir de mémoire » relatif à la monstruosité du nazisme et aux quatre années noires durant lesquelles la France fut gouvernée par un pouvoir complice de l'occupant hitlérien. Ces multiples incitations m'ont donné à réfléchir : si mon témoignage pouvait contribuer à instruire la mémoire collective, et spécialement celle des nouvelles générations qu'intéressent ces pages de notre histoire nationale, je n'avais pas à hésiter. En quelques semaines, j'ai couché sur le papier, sans autres références que ma propre mémoire, l'essentiel de mon itinéraire, depuis mon entrée en Résistance dans les rangs des Francs-tireurs et partisans français (FTPF) en 1942 jusqu'à mon retour de Mauthausen en mai 1945.

Ce récit, où l'héroïsme des patriotes résistants n'a d'égal que la férocité des nazis allemands et français, aurait pu être publié vers la fin de l'année 2006. Deux raisons ont différé la date de parution ; d'une part, l'approche des élections présidentielles et législatives, peu propices au lancement d'un livre portant sur un tel sujet ; d'autre part, une nouvelle suggestion de plusieurs de mes camarades. « Pourquoi ne prolongerais-tu pas ton témoignage en évoquant la suite de ta vie militante syndicale et politique, notamment les moments où, investi de hautes responsabilités à la direction de la CGT, tu as pris des positions au sujet desquelles subsistent encore, de nos jours, nombre d'interrogations ? Admets qu'il serait absurde de laisser s'évaporer avec le temps ce que tu sais à ce propos. Ne crois-tu venu le moment de répondre à ces interrogations ? »

Cette incitation à la franchise m'a convaincu. Je l'ai comprise comme l'expression d'une volonté positive : ne laisser subsister aucune zone d'ombre dans l'histoire de la CGT dont je fus le témoin et prévenir toute interprétation imaginaire ou malveillante de cette période dont je veux commencer par rappeler les grandes étapes.

Après mon retour de déportation, j'ai commencé à dix-huit ans mon activité syndicale au sein du syndicat CGT des cheminots de Toulouse. Dès lors, mes responsabilités syndicales et, par voie de conséquence, politiques se sont succédé à un rythme peu ordinaire. Né en 1927, je suis devenu secrétaire de la Fédération nationale des cheminots en 1949, puis membre du comité central du parti communiste (1954) et de son bureau politique (1956), puis secrétaire général de la Fédération des cheminots (1961). Entré au bureau confédéral de la CGT en 1965, j'ai été élu deux ans plus tard secrétaire général de ce grand syndicat. En 1982, à cinquante-cinq ans donc, fort de cette longue et passionnante expérience, j'ai quitté ce poste pour me consacrer à l'Institut d'histoire sociale CGT, en tant que président, mais aussi à un mouvement pacifique réunissant des personnalités d'horizons différents : l'Appel des cent pour la paix.

Durant ces quatre décennies, d'importants événements ont marqué le monde en général, la France en particulier. La CGT, qui s'est toujours fixé pour règle de ne pas être en marge des évolutions nationales et internationales, n'est pas restée indifférente à cette actualité, dont certains aspects la concernaient directement ou indirectement. Elle continue d'ailleurs de s'impliquer, de se prononcer sur les évolutions, les changements et autres transformations intervenus depuis la Libération.

Dans le cadre de mon engagement syndical, je pense en particulier à la scission syndicale de 1947-1948, qui vit la création de Force ouvrière, aux grèves de 1947, à la grève de 1953, à la guerre d'Algérie en 1954, au XXe congrès du parti communiste d'Union soviétique (PCUS) en 1956, à l'avènement de la Ve République en 1958, à l'accord d'unité d'action CGT-CFDT en 1966, à Mai 68, au Programme commun de la gauche en 1972 et à sa rupture cinq ans plus tard, à l'année 1978 qui vit la crise de la Fédération syndicale mondiale (FSM) et le 40e congrès de la CGT, à la disparition de l'URSS en 1991. Autant d'événements qui ont profondément marqué notre société et sur lesquels je reviendrai. Certains ont suscité d'importants débats au sein de la CGT. À ces occasions, des opinions diverses, parfois différentes, voire divergentes, se sont exprimées mais n'ont guère dépassé les limites internes de la CGT. Aujourd'hui, nous pouvons parler de ces pages de notre passé en toute quiétude.

Sans prétendre écrire l'histoire complète de ces quatre décennies, je veux apporter mon concours en toute sincérité, en racontant comment j'ai traversé certaines de ces périodes et en rapportant, y compris sous forme d'anecdotes, les moments les plus mémorables de mon itinéraire syndical. Plusieurs de ces épisodes alimentent encore controverses et polémiques. En expliquer les ressorts et la signification peut concourir à mieux les comprendre et à éclairer certains pans de notre histoire et de notre actualité. Si mon modeste témoignage peut y contribuer, je suis persuadé que personne ne me reprochera de l'avoir écrit.

1

UNE ADOLESCENCE COMBATTANTE

Résister... Si j'ai toujours accordé à ce verbe une importance déterminante, il prend un sens particulier en 1944. Mon éducation, les rencontres, mes propres convictions vont en effet me précipiter dans une actualité brûlante, et en toute conscience. Jusqu'à cette arrestation qui constitue l'élément clé de mon futur engagement militant.

Le jour du destin

Toulouse, le 4 février 1944. Midi va bientôt sonner. Il faut imaginer la rue de la Croix-Baragnon[1], grouillante de vie à l'heure du déjeuner. Située à 200 mètres de l'église Saint-Étienne, et à 150 mètres de la rue des Trois-Banquets, elle court parallèlement à l'une des grandes artères de la ville, la rue de Metz. Au numéro 23, les ouvriers

---

1. Cette rue, débaptisée, est aujourd'hui celle des Frères-Lion, héros de la Résistance.

s'affairent dans les locaux d'Henri Lion qui tient une imprimerie dite « de labeur », parce qu'elle ne dispose pas de gros moyens de production.

Henri Lion ? Un patron atypique, libertaire et antifasciste. Dès 1941, il s'est engagé dans la Résistance à l'occupant et au pouvoir de Vichy. Sa mission : fournir toutes sortes de documents, du simple tract aux fausses cartes d'identité, en passant par les certificats de travail et les livrets de famille nécessaires aux clandestins. De ses presses sortent aussi des éditions régionales de la presse interdite : *L'Humanité*, *Combat*, *Franc-tireur*, *Libération-Sud*, *Le Patriote*, *L'Avant-garde* et diverses publications de la CGT illégale. L'engagement d'Henri Lion n'est pas un secret d'État. Parmi ses amis et ceux de son épouse, soprano au théâtre du Capitole, beaucoup sont au courant. En cette période difficile, où les autorités occupantes traquent sans merci les résistants, cette activité a pu durer aussi longtemps pour une raison simple : les indiscrétions étaient du domaine de la police toulousaine, dont certains responsables, plus ou moins proches de la Résistance, sont parvenus à éviter le pire. C'est ainsi qu'Henri Lion, averti de perquisitions par un ami policier, a eu tout le temps de cacher les preuves trop évidentes de ces travaux trop particuliers.

Mais, en ce 4 février, tout bascule. La Gestapo, qui a pris les choses en main, n'a nul besoin de perquisitionner pour sévir. Les gestapistes font irruption, arrêtent Henri Lion, les employés, ainsi que toute personne à l'intérieur comme à l'extérieur de l'imprimerie. Et je fais partie du lot, à un mois de mon dix-septième anniversaire ! Aussitôt, l'entreprise est transformée en souricière. Tout visiteur, tout passant jugé trop curieux par les sentinelles est appréhendé sans ménagement. Cette rafle n'est pas unique. Au même moment, la Gestapo referme ses filets rue Romiguière, à 200 mètres du Capitole. Elle investit l'imprimerie bien mieux équipée du frère d'Henri Lion, Raoul, à qui je tiens aussi à rendre hommage. Entré en Résistance avec son frère, il sort de ses machines tout ce que nous ne pouvons pas produire, ce qui fait de lui une sorte de sous-traitant. Son frère reste cependant le maître d'œuvre de ces opérations clandestines. Qu'il me soit également permis de célébrer la mémoire du personnel de ces deux imprimeries qui travaillait en toute connaissance de cause. La plupart mourront en déportation...

Pour l'heure, je suis menotté avec un homme, membre présumé d'un réseau gaulliste. Dans la traction avant qui nous transporte à la prison Saint-Michel de Toulouse, je me retrouve relié à son poignet droit. Un silence pesant règne. Aucun des passagers ne prononce le moindre mot. La main gauche entravée, je réussis, de la droite, à saisir discrètement, dans la pochette de ma chemise, l'épreuve d'un tract commandé par la Jeunesse communiste, que j'entreprends de mâcher.

Une demi-heure plus tard, le convoi s'arrête devant la porte de la prison Saint-Michel, où les résistants séjournent avec les droits communs. C'est alors que je vois avec étonnement mon codétenu « gaulliste » parler en allemand au SS qui nous escorte, revolver au poing. Ce dernier part chercher un officier qui, aussitôt, libère le prisonnier et l'emmène tranquillement dans les bureaux !

Si cette scène m'intrigue, elle ne peut me faire oublier la lourde angoisse qui nous envahit : que va-t-il nous arriver ? La plupart d'entre nous, résistants actifs ou sympathisants, savent de quelle manière les nazis traitent leurs ennemis de l'intérieur. La répression féroce qui s'est abattue, notamment durant les années 1942-1943, nous fait redouter le pire. En effet, aucun des prisonniers n'étant clandestin, chacun est enregistré sous sa propre identité, après avoir déposé ses effets personnels. La Gestapo peut donc, pendant notre détention, perquisitionner nos logements respectifs. Cette éventualité hante mon esprit, car ma famille se réunit souvent en fin de soirée, au grand complet, pour s'occuper des imprimés de la Résistance. On s'active à plier les tracts distribués dans les boîtes aux lettres et dans les vestiaires des entreprises, ou à oblitérer les fausses cartes d'identité. Mais la Gestapo, je l'apprendrai à mon retour de déportation, n'éprouve pas le besoin d'enquêter jusqu'à mon domicile. Elle ignore la véritable nature de ma mission. À ce moment, je n'en sais encore rien.

Dans l'après-midi, nous rejoignons nos cellules. C'est ainsi que je me retrouve seul avec Henri Lion, après son interrogatoire au siège de la Gestapo. Je me suis souvent demandé pourquoi nous avions été réunis. Je pense que cette incarcération commune tenait simplement du hasard… Quant au prétendu gaulliste, son étonnante libération ne laisse subsister aucun doute : c'est notre dénonciateur. J'aurai la confirmation de cette évidence à mon retour du camp de Mauthausen.

Les racines de la Résistance

Certains se demandent sans doute pour quelles raisons et dans quelles conditions j'ai pu rejoindre la Résistance à l'âge de quinze ans. Cet engagement puise en fait ses racines dans un environnement familial, une suite d'événements historiques et dans le ferment de mes propres convictions. Un passé dans lequel mon père a joué un rôle essentiel.

Ariégeois d'origine, né en 1892, il grandit dans une famille d'ouvriers agricoles. Durant la Première Guerre mondiale, il sert dans les tranchées et, comme beaucoup, gardera de cette tragédie un profond ressentiment à l'égard des responsables. Au retour de ce conflit, qu'il qualifiait d'« horrible boucherie », il entre aux Chemins de fer de Toulouse, ce qui représente un progrès de sa condition sociale, puis il adhère au parti socialiste. L'année suivante, 1920, est triplement importante dans sa vie. Il épouse ma mère, ouvrière bordelaise élevée dans la religion, éducation dont elle a hérité une foi solide, sans pour autant être pratiquante. Il participe à la grande grève des cheminots, événement phare de l'histoire ouvrière et surtout syndicale. Survenant au lendemain de la révolution d'Octobre en Russie, cette grève longue et âpre marque en effet les esprits et conduit à des milliers de licenciements. Enfin, mon père participe à un autre événement historique : il rejoint la majorité révolutionnaire fondatrice du parti communiste, qui se sépare des socialistes au fameux congrès de Tours, en décembre. Dans le sillage de cet événement, de jeunes communistes comme lui et des anarchistes quitteront la CGT en 1922 pour créer la CGTU (Confédération générale du travail unitaire), d'esprit révolutionnaire.

Premier garçon de la famille – j'ai deux sœurs plus âgées –, je vois le jour en 1927 à Toulouse, rue des Trois-Banquets, près de l'église Saint-Étienne. Un quartier historique à double titre, d'une part parce qu'il remonte au Moyen Âge, d'autre part parce qu'il est le cadre de trois épisodes majeurs de mon existence : ma naissance, mon arrestation et la rencontre, en 1947, de mon épouse. J'ai cinq ans lorsque nous quittons ces pierres chargées d'histoire, notre voisinage supportant difficilement les débordements d'énergie des jeunes Séguy. Mes parents achètent une parcelle sur la Côte-Pavée, dans la banlieue toulousaine, et construisent une maison grâce à la loi Loucheur qui permet l'accession à la propriété. Pendant dix ans, nous allons vivre au milieu des champs, avant que n'apparaissent d'autres bâtisses. Un isolement relatif qui me vaut, par exemple, de parcourir à pied quatre fois par jour les trois kilomètres me séparant de l'école. Cette contrainte, pénible en hiver, est compensée par le plaisir d'évoluer en pleine nature, parmi la flore et la faune, qui plus est près de la grande ville. Il faut imaginer notre univers de jeu, constitué des prairies environnantes, et notre vaste terrain à peine clôturé où mon père m'initie à l'art du jardinage : je lui en serai redevable toute ma vie et le pratique toujours avec plaisir.

Durant cette période enrichissante, je me familiarise aussi avec le travail, rude mais subtil, des paysans dont le savoir m'émerveille encore. Je mets parfois mes jeunes connaissances au service d'enfants de Toulouse qui, le jeudi, débarquent avec leur mère du tramway, situé à un kilomètre. Je les aide à capturer des grillons. Comme nous disions à Toulouse, il s'agit de les « tuter », c'est-à-dire d'enfoncer une paille dans leur repaire jusqu'à ce que, excédés, ils en sortent. Puis les jeunes Toulousains les rapportent tout fiers à la ville. J'en retire parfois une petite pièce qui va rejoindre mes économies. Mes parents, quant à eux, complètent leurs revenus par une petite boutique d'alimentation abritée dans un garage attenant à la maison, et que tient ma mère.

En famille, l'atmosphère est parfois aux discussions enflammées autour de la religion, seule pomme de discorde de ce couple uni. Si ma mère, toujours croyante, respecte l'engagement paternel, fondé sur un véritable souci d'autrui et de profondes convictions, mon père rejette toute idée de baptême. C'est pourquoi je serai baptisé à son insu, à l'église Saint-Étienne ! Autre exemple : la première communion. Lorsque, à dix ans, je suis confronté à cette échéance obligatoire pour tout petit catholique, ma mère promet de m'offrir une montre si j'accepte, et mon père une bicyclette si je refuse. Après réflexion, je choisis le vélo. Ce qui inspire à notre curé cette pensée profonde : « Mais on ne monte pas au ciel à bicyclette ! » Au fil du temps, les convictions paternelles vont l'emporter, et ma mère, de moins en moins croyante, finira par adhérer au parti communiste en mai 1950, cinquième anniversaire de mon retour de Mauthausen.

À cette éducation parentale s'ajoute notre expérience au sein des Pionniers, une association concurrente du patronage catholique, fréquentée surtout par les enfants de parents communistes. Quelque peu sectaire, je dois l'avouer, elle refuse même de se mêler aux Faucons rouges des socialistes. À cette époque, elle est animée par une jeune femme d'origine russe, experte en affection et en pédagogie.

Enfin, je ne peux oublier l'indéniable influence de l'école. Je citerai en particulier deux instituteurs passionnés qui nous parlaient de la vie, de la paix, du progrès. Le premier, Georges Fournial, mon maître en 1934, communiste convaincu, intervient à une époque délicate de l'histoire française. Le 6 février de cette année-là, des ligues d'extrême droite, ayant notamment réussi à attirer d'anciens combattants de la Grande Guerre, manifestent place de la Concorde, à Paris, et tentent de s'emparer de la Chambre des députés, de l'autre côté de la Seine. Après de violents affrontements, la menace est écartée. Dénonçant un complot fasciste, syndicats et partis de gauche contre-manifestent trois jours plus tard. C'est ainsi que Georges Fournial est arrêté à Toulouse. L'association des parents d'élèves se mobilise : nous n'irons pas en classe tant qu'il ne sera pas libéré. C'est en quelque sorte ma première grève. Celui que nous tenons désormais pour un héros est relâché quatre jours plus tard. Lorsqu'il revient en classe, un lourd silence s'installe, chargé d'une émotion partagée. Je me souviens encore du discours qu'il improvisa pour nous remercier d'avoir contribué à sa libération. Du coup, nos rapports en sont changés. Fournial se met à aborder des sujets absents des programmes scolaires, comme la Commune de Paris et la Révolution française. Il ne cherche pas à nous inculquer une quelconque idéologie, simplement à nous sensibiliser à des pans de l'histoire que négligent alors les manuels officiels. Je l'appellerai toujours « maître », même lorsque je le retrouverai, bien plus tard, à la direction du Syndicat national des instituteurs...

Le second enseignant d'envergure, M. Roubiscoul, socialiste tout aussi convaincu et grand pédagogue, nous fait ensuite la classe en 1935. Je me souviens qu'il était apprécié pour sa compétence et cette capacité à retenir l'attention des élèves, tout en suscitant leur affection.

Ce n'est sans doute pas un hasard si ces deux personnalités sont gravées dans ma mémoire. Tous deux, fervents adeptes du Front populaire et donc de l'unité entre communistes et socialistes, nous instruisaient des dangers du fascisme et des vertus de la démocratie. En cela, ils rejoignaient les discussions paternelles qui, à la maison, portaient sur la vie militante et l'actualité. Ces moments inoubliables ont contribué à élargir ma compréhension du monde et à bâtir ma réflexion. J'entends alors souvent prononcer les noms de personnalités telles que Benoît Frachon, figure du PCF et de la CGTU. Ami de mon père, Pierre Semard est aussi souvent cité. Lorsqu'il nous rend visite, cet homme m'entoure d'attentions, de sorte qu'à l'admiration que j'éprouve s'ajoute une profonde affection.

La formation de l'histoire

Le contexte historique a joué un rôle prépondérant dans ma volonté de résister. Durant mon enfance, baignée dans une atmosphère politique et syndicale, j'ai tout loisir d'observer mon père, engagé dans ses combats et dans son rôle de chef de famille. Toulouse connaît ainsi, en mars 1936, le congrès syndical qui, en dépit de leurs différences, voit la réunification de la CGT et de la CGTU. Cette refonte sera déterminante, car elle est l'un des actes forts qui vont permettre à la gauche, unifiée au sein du Front populaire, d'accéder au pouvoir en juin 1936. Je me souviens des grèves et de l'occupation des usines, dans une ambiance fraternelle et souvent joyeuse, autant d'actions destinées à accélérer les réformes. Symboliques de ce vaste élan populaire, les accords de Matignon, signés le 7 juin entre le patronat et la CGT, statuent, entre autres, sur une augmentation des salaires, la création des conventions collectives et un renforcement de la liberté syndicale. D'autres virages sont ensuite amorcés, comme les congés payés et la semaine de quarante heures. L'année 1937 voit même la création de la SNCF, première nationalisation qui conglomère toutes les compagnies privées de l'époque. À dix ans, je vis l'euphorie de cette période qui contribue à forger ma prise de conscience plus concrète du mouvement syndical. Nous avons même la joie de voir des compagnons militants de mon père, renvoyés des Chemins de fer après les grèves de 1920, réintégrer l'entreprise.

L'année 1936 est aussi celle du *Frente popular*, qui accède au pouvoir en Espagne. Réagissant à cette démonstration républicaine, les fascistes dirigés par Franco vont livrer une guerre sans merci à la démocratie, avant leur victoire trois ans plus tard. Je me souviens des collectes organisées en faveur des républicains espagnols, aidés militairement et logistiquement par l'Union soviétique, tandis que les Phalanges franquistes avaient le soutien d'Hitler. La France, choisissant la non-intervention, ne réagit pas aux alliances diplomatiques avec la Grande-Bretagne, manœuvrées par l'URSS dans le but de faire pression sur Franco.

Une France qui, par ailleurs, se délite. En avril 1938, la chute de notre Front populaire marque la fin des avancées et leur profonde remise en question par le gouvernement d'Édouard Daladier. Et la guerre menace, Hitler exigeant l'annexion des Sudètes, territoire de Tchécoslovaquie occupé par une minorité de langue allemande. Le 29 septembre 1938, le même Daladier, avec l'Anglais Chamberlain, donne satisfaction au tyran, en dépit d'une alliance entre la France et le pouvoir tchécoslovaque… Ce sont les fameux accords de Munich, qui font dire à Churchill : « Entre la guerre et le déshonneur, vous avez choisi le déshonneur. Et vous allez avoir la guerre. » Cet arrangement honteux divise la France et jusqu'à la CGT. Mon père fait partie des opposants farouches. Le camp des partisans est dirigé par René Belin, un secrétaire confédéral qui, déjà adversaire de l'unité syndicale en 1936, rejoindra Pétain en 1940… De toute façon, la guerre est inévitable. Car les armées d'Hitler entrent à Prague le 15 mars 1939.

Un autre événement ajoute à la confusion. Il s'agit du pacte germano-soviétique, signé le 23 août, qui, outre une clause de non-agression, prévoit le partage de la Pologne et des pays baltes. Cette entente contre nature est un véritable choc pour nombre de militants communistes. Pour ce qui me concerne, je vis cette période dans l'ombre de mon père, qui assume désormais des responsabilités syndicales à l'échelle nationale. Perturbé, il exprime une opinion très majoritaire au sein des cheminots de Toulouse et des communistes : même si l'on ne comprend pas toutes les données de l'événement ni les motivations de Staline, dont le nom se confond avec celui de l'URSS, il faut « faire confiance ». Le grand frère soviétique a forcément ses raisons, et l'histoire prouvera que cette décision va dans le sens de la Révolution. Position qu'il faut bien entendu replacer dans son époque. D'autant que le PCF n'a pas désapprouvé cette étonnante amitié germano-soviétique, quand bien même une petite minorité a exprimé son désaccord et s'est trouvée du même coup exclue du parti.

Résultat, la Pologne est envahie le 1er septembre par Hitler. Dès lors, l'engrenage se met en marche, inexorablement. Liées à la Pologne, la France et la Grande-Bretagne déclarent la guerre à l'Allemagne le 3, mais non à l'URSS qui se révélera un allié de poids, le moment venu. L'Armée rouge entre le 17 en Pologne, invasion que réprouve la CGT. Le 26, le PCF et les organisations affiliées sont dissous, ses députés écartés. Les militants entrent en clandestinité. La CGT, qui a condamné le pacte et exclu ses adhérents communistes, comme Benoît Frachon, est épargnée jusqu'à la loi du 16 août 1940 qui, juste après la défaite et au début de la collaboration, prévoit la dissolution des confédérations ouvrières, mais aussi patronales. Le 9 novembre, la mesure est appliquée aux fédérations elles-mêmes, sous l'impulsion de René Belin, devenu ministre du Travail et de la Production industrielle dans le gouvernement de Vichy. Ce collaborateur est aussi le principal artisan de la Charte du travail, sorte de syndicat fasciste destiné à se substituer aux formations interdites et œuvrant au service des nazis, mais au sein duquel nous avons des alliés.

Compte tenu de cette situation, la CGT rejoint à son tour la clandestinité. Les arrestations de militants politiques et syndicaux, orchestrées depuis fin 1939, se poursuivent. Quant à mon père, il passe entre les mailles du filet parce qu'il n'exerce pas de responsabilités majeures. Convoqué par la direction de la SNCF, il se voit demander s'il est toujours membre du PCF et s'il joue toujours son rôle syndical. Refusant de répondre à ces questions, il peut quand même exercer ses activités, mais sous surveillance. Des activités qui relèvent notamment de la Résistance…

Maréchal, nous voilà !

La Résistance ne consiste pas seulement à renseigner les Alliés et à poursuivre la lutte armée contre l'occupant et ses complices de Vichy. Elle se charge aussi de la propagande antinazie et de l'information auprès d'une population désemparée. À la fin de l'année 1940, la France profonde est en plein désarroi. À Toulouse comme ailleurs, les esprits sont en proie à la plus grande confusion. L'opinion publique est encore sous le choc des événements qui, notamment depuis la chute du Front populaire, ont bouleversé les consciences et semé le trouble. Après l'avènement de Mussolini et du fascisme en Italie en 1922, l'arrivée d'Hitler au pouvoir en Allemagne onze ans plus tard, se sont succédé l'expansion fasciste en Europe centrale et la guerre d'Espagne. Le début du conflit mondial s'est d'abord résumé à la « drôle de guerre », des mois d'observation sans combat entre Alliés et Allemands, qui se sont achevés le 10 mai 1940 avec la *Blitzkrieg*, la « guerre éclair ». Après la Belgique et les Pays-Bas, la France a vu déferler les armées allemandes qui ont poussé sur les routes une masse extraordinaire de réfugiés.

Réfugié à Bordeaux, le gouvernement n'a pu que constater l'humiliante défaite. Le 17 juin, le maréchal Pétain est devenu président du Conseil. Il a signé l'armistice le 22, à Rethondes. En juillet, à Vichy, il a reçu les pleins pouvoirs, octroyés par le Parlement du Front populaire, excepté les communistes, exclus, et une partie des socialistes qui ont refusé de se rendre à Vichy. La IIIe République est dissoute. Le 24 octobre suivant, Pétain n'hésitera pas à serrer la main d'Hitler à Montoire-sur-le-Loir.

Face à l'Occupation et à de tels événements, quelle pouvait bien être la meilleure attitude citoyenne ? D'autant qu'il devient difficile de se forger une opinion, la liberté de l'information, celle de la presse en particulier, n'existant plus. Il est même interdit d'écouter les émissions en langue française de Radio Londres ou de Radio Moscou. En outre, au sein du PCF, la plupart des communistes, admettant la légitimité du pacte germano-soviétique, estiment comme la IIIe Internationale que cette guerre entre la France et l'Allemagne concerne deux puissances capitalistes et qu'à ce titre il n'est pas besoin de prendre parti. Le mieux est de laisser les belligérants s'entre-égorger. Résister en cette fin d'année 1940 relève donc d'une lucidité particulière.

Dès l'été 1940, de rares, très rares Français ont pourtant choisi le chemin de l'honneur et de la dignité nationale en s'engageant dans la Résistance. Il s'agit bien sûr de Charles de Gaulle qui, depuis Londres, a lancé son célèbre appel du 18 juin, mais aussi de Charles Tillon qui, la veille, à Bordeaux, a appelé, au nom du PCF, le peuple de France à rallier la lutte contre l'occupant et ses complices. Le fondateur des FTPF, les Francs-tireurs et partisans français, fait figure d'exception dans les choix communistes officiels de cette période. Mon père est aussi de ces premiers résistants. Homme généreux, convivial, sensible à toutes les causes humanitaires, il n'a jamais usé de son statut de « chef de famille » ou de son autorité paternelle pour tenter de convaincre notre mère ou ses trois enfants d'épouser ses idées politiques. Il s'est toujours efforcé de nous enseigner la tolérance, le respect de l'autre, le sens de la solidarité et de la justice, ainsi que les valeurs républicaines de liberté et de démocratie, si opposées au fascisme qu'il tient pour un fléau plus redoutable que la peste ou le choléra. Autant dire que, dans notre famille, l'antifascisme n'est pas une vue de l'esprit. Il n'est pas question de nous résigner à l'Occupation, à laquelle veut nous contraindre le pouvoir de Vichy. Mon propre parcours s'inscrit encore une fois dans cette volonté farouche, partagée dès novembre par de jeunes Toulousains.

À Toulouse, la Jeunesse communiste, bien que dissoute, se retrouve le dimanche matin dans une salle au-dessus du cinéma Vox, rue Bayard. Ces réunions se tiennent sous le couvert des AUS (Amis de l'Union soviétique), une association qui, bénéficiant du pacte germano-soviétique, se maintiendra légalement jusqu'à la déclaration de guerre de l'Allemagne à l'URSS, en juin 1941. Au cours d'une de ces rencontres nous parvient une nouvelle : la visite de Pétain à Toulouse. Sortant pour le moins de l'ordinaire à cette époque, notre réaction est immédiate et unanime : « Il n'est pas question de rester passifs. » De quelle manière ? Le mieux est de laisser la parole à Jean Bertrand, l'un de ces jeunes patriotes, artisans de cette réaction souhaitée avec tant d'ardeur. Voici son témoignage, tel qu'il me le confiera plus tard, à ma demande. Précisons simplement qu'une foule considérable s'est rassemblée pour accueillir Pétain. Les écoliers ont été mobilisés pour saluer celui qui apparaît alors comme le seul capable d'éviter que le pays ne s'enfonce davantage dans la défaite et le marasme.

« Le 7 novembre 1940, Pétain choisit Toulouse pour sa première visite officielle après l'armistice.

Les murs de la ville rose étaient recouverts de portraits géants du maréchal félon et de slogans du genre : “Je veille sur la France, je veille sur vous.” Le centre de la ville était noir de monde. Dans un grenier du 3, rue Alsace-Lorraine, deux hommes se trouvaient tapis depuis déjà une bonne heure. Deux jeunes communistes, André Delacourtie, qui faisait ses premières armes, et moi-même, Jean Bertrand[1], avaient pour mission de faire entendre la voix du Parti communiste français face à la politique de trahison de la bourgeoisie française. L'histoire peut se raconter ainsi.

« Il allait être bientôt 11 heures lorsque le vasistas donnant sur le toit fut ouvert. Depuis la veille, les tracts rédigés et tirés par Robert Caussat, les cinq lanceurs-distributeurs que j'avais imaginés, les bouteilles d'eau, tout ce matériel avait été rangé dans une caisse. Le temps était compté. Pétain et son escorte devaient mettre dix-huit à vingt minutes pour parcourir à pied, à pas lents, les quelque 750 mètres séparant l'Académie des jeux floraux du carrefour de la place Esquirol et de la rue Alsace-Lorraine. Les cris de “Vive Pétain !” nous parvenaient déjà, assourdissants, scandés par la foule dont des milliers d'enfants encadrés par leurs maîtres agitant des oriflammes.

1. Jean Bertrand fut mon contact le plus proche. Engagé très tôt dans les FTP, il en commandait la 3e région militaire six mois avant la Libération, en remplacement d'André Delacourtie. Connu sous le titre de commandant Arthur, ce dernier, ancien métallo chez Dewoitine, avait été assassiné fin 1943 par un policier français dans l'église Saint-Hilaire d'Agen.

Les cinq “tapettes” furent placées en équilibre sur les diverses cheminées. À leur déclenchement, le recul produit devait les projeter dans le trou béant de chaque cheminée. Les boîtes-contrepoids furent remplies d'eau à différents niveaux, et les paquets de tracts lestés furent rapidement posés sur les ressorts-projecteurs ; il ne restait plus qu'à fermer le vasistas avec un cadenas à cinq lettres.

« Trois minutes après, nous étions dans la rue. Il était temps, car le cortège parvenait déjà au niveau du carrefour et il était très malaisé de traverser la rue à ce moment-là. Les premiers tracts commencèrent à tomber lorsque Pétain parvint au niveau du Muséum faisant l'angle avec la rue de Metz. De nombreux témoins affirment avoir vu Pétain cesser brusquement de sourire. Quoi qu'il en soit, il reçut un tract sur son képi et en retint même un avec sa canne. Des coups de sifflet retentirent, tandis que des renforts de police arrivaient de tous les côtés. Pétain, son escorte et la foule regardaient vers les toits, tandis que l'immeuble d'où parvenaient les tracts était promptement investi. Une limousine débouchant sur le carrefour vint stopper devant le Maréchal qui s'y engouffra, poussé par les personnes de son service d'ordre. La “promenade” de Pétain préalablement prévue dans la rue Alsace-Lorraine se trouvait soudain écourtée.

« Une grande cohue s'était créée dans le centreville, aucun cri ne parvenait de la foule qui, ironique et devenue moqueuse, les yeux fixés vers les toits, regardait les tracts s'envoler de cet immeuble de huit étages et faire des prouesses de vol plané. Nombreux étaient ceux qui ramassaient les tracts, les lisant sur place et les mettant dans leur poche.

« Nous avions dû faire un large détour pour rejoindre tranquillement, devant le Grand Hôtel Tivoli, Angèle Delacourtie, le troisième larron de cette véritable action de résistance avant la lettre, autrement dit la poursuite d'une opposition résolue à la trahison et un appel constant à l'union et à l'action contre l'ennemi et ses suppôts. En prenant le chemin de chez moi où m'attendait une bonne soupe au chou, je pense à ceux qui, sans savoir au juste ce qui allait se passer, nous ont aidés, les Jeunesses communistes. Une seule personne était bien informée : mon contact. André Séguy incarnait pour moi le Parti communiste français. Cheminot de son état, ce patriote, militant puis résistant, fut un exemple pour moi et pour bien d'autres.

« Pour terminer ce récit, encore une anecdote quelque peu burlesque : savez-vous pourquoi les sbires de la brigade spéciale mirent tant de temps pour ouvrir le vasistas fermé par un cadenas à cinq lettres ? Tout simplement parce qu'avant de défoncer la lucarne ils cherchèrent vainement des mots usuels courants, notamment celui que prononça Cambronne à Waterloo. Le mot clé "Franc", sans le "e" final, ne leur était pas venu à l'esprit.

« La presse officielle fit de son mieux pour minimiser ce qu'elle qualifia d'incident. Mais l'événement impressionna l'opinion publique. Nombre de ceux qui avaient été priés d'acclamer "le sauveur de la France" furent loin d'être scandalisés par cette interprétation des trois premiers mots de la chanson composée à l'intention de la jeunesse et à la gloire de Pétain : “Maréchal, nous voilà.” »

Ado et résistant

Vivre un tel début d'adolescence, dans un milieu aussi imprégné de luttes et de courage, ne peut que motiver. En 1939, après avoir obtenu mon certificat d'études, je commence par suivre des cours complémentaires à l'école Fabre, proche du quartier Saint-Cyprien, à Toulouse. Malgré ma soif d'apprendre, je ne suis guère enthousiasmé par la perspective de longues études, tant est pesant le climat de l'Occupation. Durant les années 1941 et 1942, une répression féroce frappe les premiers résistants, qualifiés de « terroristes » par les Allemands et leurs alliés vichystes. Cruellement ressentie, elle ne parvient pas à freiner la détermination patriotique. Pour un combattant fusillé, pendu ou décapité, des centaines de nouveaux résistants rallient le combat pour la liberté.

À l'école, nos esprits et nos conversations évoquent des événements tels que les commentent les médias officiels subordonnés à la politique de collaboration. Nous parlons aussi des informations captées à l'écoute prudente de l'émission de Radio Londres, « Les Français parlent aux Français ». Et le portrait de Pétain apposé dans toutes les classes donne lieu à des causeries sur les mérites du vieux maréchal. Une partie du programme comprend même une heure d'instruction civique à sa gloire, et, une autre, l'obligation d'apprendre la langue allemande. Plusieurs d'entre nous décident alors de sécher ces cours, sans que nos parents s'en formalisent outre mesure. Au bout d'un mois, les miens sont convoqués par le directeur car mes excuses – mariages, enterrements et autres baptêmes –, n'ont à l'évidence pas suffi à justifier mes absences. Conscients des raisons m'ayant conduit à une telle décision, ils me mettent cependant devant un choix : poursuivre normalement ma scolarité en élève soucieux des règles, ou entamer une formation professionnelle.

Le 7 mars 1942, un événement précipite ma décision et bouleverse le cercle familial, en particulier mon père qui ne peut retenir ses larmes. Son ami Pierre Semard, secrétaire général de la Fédération des cheminots, membre du bureau du PCF, a été fusillé par les Allemands. Fasciné par son prestige lorsque j'étais plus jeune, j'ai ensuite découvert en le connaissant mieux un homme d'une grande simplicité, gentil et aimable, y compris avec les enfants. Le chagrin de mon père et la douloureuse émotion ressentie par toute la famille à l'annonce de ce crime achèvent de me convaincre. Je vais suivre la voie à laquelle je pense depuis quelque temps : quitter l'école et participer à la Résistance.

À quinze ans, je crains de me heurter à la réticence, ou au moins à l'hésitation de mes parents. Finalement, la compréhension de mon père l'emporte. Membre de la Jeunesse communiste, ce qui équivaut, à cette époque, à une adhésion systématique au parti, j'aimerais suivre l'exemple de plusieurs de mes camarades plus âgés, engagés dans les FTPF. Mais on me fait comprendre que, pour un adolescent, la lutte armée n'est pas la meilleure manière de résister. Certes, je participerai à deux sabotages du réseau ferré... mais en faisant le guet à cent mètres de l'action. Il faut avouer que, à quinze ans, je n'ai pas une connaissance pointue de la structure militaire des FTPF présents dans les maquis et en milieu urbain. « Tu peux te rendre utile autrement », me dit-on, principalement Jean Bertrand. C'est pourquoi je n'exercerai pas de responsabilités majeures, même si je serai en relation avec d'autres organisations (communiste, gaulliste, socialiste...). Car en 1942 la Résistance, peu organisée fin 1940, s'est fortifiée. La vague répressive de l'occupant et de ses complices de Vichy ne fait que stimuler la lutte. De même, la France, partagée en deux zones depuis 1940, voit celle du Sud, dite « libre », envahie par les forces allemandes le 11 novembre 1942. Une mesure qui renforce encore la détermination de combattre.

Les promesses de l'ombre

Dans ce climat d'extrême tension, un concours de circonstances et une relation familiale m'orientent vers l'apprentissage du métier de conducteur-typographe, profession offrant un salaire convenable. En novembre 1942, je suis embauché à l'imprimerie Henri Lion. Je connais les relations que cet homme entretient avec les forces de la Résistance. L'entreprise n'est pas seulement une fabrique de matériel illégal mais aussi un point de rencontre de responsables des diverses organisations clandestines ayant recours à ses services. Seuls les cadres de la mouvance communiste l'évitent, car sa réputation peut constituer un danger. Mon arrivée crée une situation nouvelle. Après réflexion et concertation, il est décidé que je serai agent de liaison auprès de ces organisations de résistance de la région toulousaine. Seule condition : Henri Lion, connu pour parler volontiers de ses activités, doit rester discret sur cette mission, ce qu'il accepte volontiers. Elle ne sera connue que de nous deux.

Entre 1942 et 1944, tout en apprenant mon métier, je participe à la lutte clandestine, sous l'autorité de l'état-major « FTPF OB2 » de Haute-Garonne. Je me trouve en relation avec divers responsables clandestins, et non des moindres, qui préfèrent, en raison de diverses indiscrétions, ne pas mettre les pieds à l'imprimerie. Lors de mon arrestation, la plupart changeront prestement de résidence. Mon père rejoindra le Limousin où, se mettant au service de la CGT clandestine, il continuera à se battre au côté de Georges Guingouin (1913-2005)[1], qu'il respectait profondément. Sans être investi d'importantes responsabilités, je suis tout de même chargé d'imprimer les textes illégaux, de fournir les listes de noms exigeant des

1. Résistant de la première heure, combattant et commandant hors pair, objet d'une cabale de la part de cadres communistes qui n'ont pas supporté sa volonté d'indépendance dans le maquis, il est écarté du PCF puis exclu en 1952 et réhabilité en 1988. Communiste fidèle à son idéal, ce compagnon de la Libération ne reprit jamais sa carte.

faux papiers et autres besoins. J'effectue également les livraisons, notamment à bicyclette, car je connais toutes les rues de Toulouse.

Ces voyages ne sont pas sans risque. Au cours de l'un d'eux, je suis en proie à une frayeur compréhensible. Tandis que le gros colis arrimé sur mon porte-bagages se détache et chute lourdement dans la rue, les petits paquets de tracts enveloppés se répandent sur le pavé, devant un repaire de la Gestapo. Heureusement, aucun d'eux ne s'ouvre ! Mon premier réflexe est de fuir mais je me ravise vite, comprenant qu'une telle attitude conduirait sans doute au pire. Avec l'aide de passants, je ramasse ma marchandise, l'attache tant bien que mal et repars, mine de rien, le cœur battant.

L'impression et le transport de ces documents exigent du temps. Je n'hésite pas à faire des heures supplémentaires, à travailler bénévolement de nuit et le week-end. Il s'agit de garantir des délais courts et des prix bas, afin de ne pas étrangler financièrement nos « clients » si particuliers. Monopolisé par cette activité, je déserte le groupe de mes copains d'école et de quartier, occupé par le football, le billard et les premières chansons de Charles Trenet. Ignorant les raisons de mon indisponibilité, ils pensent que mon patron m'exploite ! Il faut dire que je n'arrête pas.

Parmi les fausses cartes d'identité que nous fabriquons, et que je n'ai jamais comptabilisées, j'en remets un grand nombre à des militants clandestins, notamment de la 35e brigade FTP-MOI de Marcel Langer. Cette branche « Main-d'œuvre immigrée », MOI, composée de nombreux réfugiés allemands, polonais ou encore italiens, joue un grand rôle à Toulouse. Marcel Langer dirige ainsi l'activité toulousaine, avant d'être guillotiné le 23 juillet 1943 à la prison Saint-Michel. Je fournis également les républicains espagnols qui, d'abord membres de la MOI, se regroupent ensuite de façon indépendante. Courageux, ces Espagnols, à la fin de janvier 1939 et après la chute de Barcelone qui signe leur défaite, ont fui leur pays pour gagner la France. Au lieu d'être accueillis dignement, ils ont été consignés dans des camps, dont beaucoup se trouvent autour de Toulouse. À partir de 1940, et bien que ces établissements se situent alors en zone « libre », l'État français commence à les livrer aux Allemands. Nous organisons alors de nombreuses évasions de responsables aux camps du Vernet (Ariège), de Gurs, près d'Oloron, d'Argelès, de Saint-Sulpice-la-Pointe, dans le Tarn.

Je veux aussi évoquer tous ceux qui, lors de l'exode et dans les mois suivants, sont reçus dans la région toulousaine. Parmi ces autres réfugiés, des couples de juifs, à qui nous procurons des papiers, confient leurs enfants à des familles indignées par les persécutions de la police de Vichy, avant de franchir, impatients, les Pyrénées et de gagner l'Espagne. Je salue ici la mémoire de l'archevêque de Toulouse, Mgr Saliège, à qui revient l'honneur d'avoir publiquement dénoncé la législation répressive antijuive de Vichy, mise en œuvre dès octobre 1940. Il lui est arrivé de nous commander des pièces d'identité, voire de faux certificats de baptême !

Toute cette activité clandestine nous oblige parfois à trouver des astuces. Avec la complicité d'amis employés préfectoraux, nous dérobons un paquet de cartes d'identité officielles vierges et les remplaçons par notre propre production. Durant une brève période, la préfecture délivre ainsi de faux papiers, tandis que nous fournissons les originaux complétés par la Résistance.

D'autres fois, nous devons improviser. En automne 1943, lors d'une évasion de républicains espagnols du camp de Saint-Sulpice-la-Pointe, nous sommes confrontés à un obstacle inattendu, potentiellement lourd de conséquences. Au dernier moment, nous constatons que nous n'avons pas assez de carburant pour transporter la vingtaine d'évadés dont nous sommes chargés. Il faut de toute urgence trouver le complément. Requis pour cette mission, j'enfourche mon vélo et fais du porte-à-porte. Chaque donateur verse ce dont il dispose dans la grosse bombonne arrimée sur mon porte-bagages. Un vieux cheminot retraité tient absolument à vider le petit flacon d'essence qu'il garde précieusement pour alimenter son briquet. « Je ferai avec des allumettes, me dit-il. Comme ça j'aurai, moi aussi, participé à la réussite de cette évasion. » Ces évadés finissent par se retrouver à la Bourse du travail de Toulouse, en plein après-midi. Julien Forgues, importante personnalité syndicale – que les adeptes de la Charte du travail de Pétain n'ont pas pu expulser –, a tenu à les accueillir d'une bière d'honneur et à les saluer. Après cette brève réception, chacun d'eux poursuit son itinéraire.

En cette fin de l'année 1943, malgré une intense répression, les composantes organisées de la

Résistance sortent renforcées. Plusieurs événements ont contribué à amplifier la coordination et l'efficacité de la lutte armée. La défaite historique de l'armée allemande à Stalingrad, marquée par la capitulation du général von Paulus le 2 février, a brisé l'espoir d'une possible victoire nazie en URSS et, par là même, le mythe d'invincibilité d'Hitler qui, jusqu'ici, avait fait hésiter certains à s'engager dans la Résistance. Après le tournant décisif de Stalingrad, la lutte de libération nationale s'amplifie et les organisations clandestines qui la composent envisagent une union susceptible de la rendre plus efficace.

Le 17 avril, se produit un événement de grande importance pour le monde du travail : la réunification de la CGT, divisée en 1939 par le pacte germano-soviétique, est conclue au Perreux. Les deux tendances veulent reconstruire le syndicat de 1936. Le 27 mai est créé le Conseil national de la Résistance (CNR), chargé d'unifier l'action clandestine sous la houlette de Jean Moulin. La fondation du CNR permet d'aplanir les divergences sur la manière de conduire la lutte armée. En effet, si les FTPF concentraient leurs efforts sur la guerre contre l'occupant, l'Armée secrète envisageait aussi, et surtout, l'aide aux Alliés et, dans la perspective du débarquement, entreposait les armes dont elle devrait se servir le moment venu.

Voilà donc quels furent le climat et l'esprit de la Résistance à Toulouse, en 1942 et 1943. Durant ces années, j'ai rencontré des hommes et des femmes de tous âges, de toutes sensibilités et toutes nationalités, prêts à affronter tous les risques sans autre ambition que d'être dignes des valeurs de liberté qui motivaient notre combat. Cette première expérience m'a appris que les différences n'empêchent pas la solidarité, la fraternité et le respect mutuel au service d'une cause commune. Une réalité que j'ai pu vérifier dès mon incarcération…

Une règle : ne pas parler

Prison Saint-Michel, le 4 février. Les Allemands, maîtres des lieux, ont arrêté une soixantaine de personnes réparties sur les deux imprimeries, dont une bonne douzaine n'a rien à voir avec ces entreprises ou avec la Résistance. Cette déferlante met Toulouse en émoi.

Après avoir donné nos identités et nos adresses respectives, nous sommes fouillés minutieusement. Nous déposons le contenu intégral de nos poches sur une sorte de comptoir, avant d'être répartis dans diverses cellules. Seul Henri Lion est séparé du groupe pour le premier interrogatoire. Il est conduit au siège de la Gestapo, au 2, rue Maignac (aujourd'hui rue des Martyrs-de-la-Libération), où de nombreux patriotes sont morts sous les sévices. J'en sais assez sur les méthodes gestapistes pour comprendre qu'il n'échappera pas à la torture. Aura-t-il la force d'y résister ? Comment se comportera-t-il ? J'ai souvent entendu mon père et ses compagnons de lutte parler de la meilleure attitude à adopter lors d'un interrogatoire, quelle que soit la souffrance éprouvée. « Le mieux, disaient-ils, c'est de refuser de parler, de nier tout jusqu'au bout car si tes bourreaux, qu'ils soient de la Gestapo ou de la Milice de Vichy, perçoivent la moindre défaillance, ils s'acharneront sur toi encore plus férocement, pour en savoir davantage. Même si tu avoues tout, ils ne te lâcheront pas. »

Je suis résolu à suivre cette ligne de conduite, mais j'ignore ma capacité d'endurance aux supplices raffinés dont usent les nazis pour faire parler leurs victimes. Je suis plongé dans ces anxieuses interrogations lorsque, très tard dans la soirée, la porte de ma cellule s'ouvre. Soutenu par deux individus, Henri Lion est déposé presque inanimé sur la couche restée libre. Il se trouve dans un état plus que pitoyable, le visage tuméfié, le corps couvert d'hématomes, les bras et les mains maculés de sang à peine coagulé. Je comprends qu'il vient d'endurer un atroce calvaire et fais de mon mieux pour lui venir en aide. À bout de souffle, il trouve la force de me dire très distinctement : « Je n'ai rien dit sur toi », avant de s'affaler, inconscient. Je ne parviens pas à m'endormir paisiblement, malgré ces quelques mots. Ils résonnent en moi et m'encouragent à réfléchir aux réponses que je donnerai lorsque je serai interrogé. Mon tour arrive dès le lendemain matin…

Sans doute pour me terroriser, me fragiliser et me faire redouter le pire, l'interrogatoire débute par un traitement assez musclé, loin d'atteindre cependant une violence susceptible d'arracher mes aveux. En voici l'essentiel. « Tu travailles dans une imprimerie au service d'organisations illégales, c'est grave, très grave. Tu dois nous dire tout ce que tu sais, sinon tu seras traité comme ton patron. » Des coups de feu retentissent dans la cour de la prison : « Voilà comment finissent ceux qui refusent de parler », me disent-ils. S'agit-il d'Henri Lion, que je viens de quitter en piètre état ? Mon angoisse grandit. « Après votre arrestation, diverses personnes se sont présentées à l'imprimerie. Toutes ont été arrêtées. Nous avons identifié parmi elles certains agents d'organisations terroristes. Mais, selon les documents que nous avons récupérés, il nous manque celui ou ceux qui fréquentaient l'imprimerie pour le compte des communistes. Les connais-tu ? »

À cet instant, j'ai la certitude qu'Henri Lion n'a rien révélé de mon véritable rôle. J'opte donc pour un système de défense que je n'abandonnerai pas : feindre l'ignorance. J'ai été surpris en train d'imprimer *Avant-garde*, le périodique de la Jeunesse communiste ? « Dans cette imprimerie, je ne suis qu'un apprenti, je fais ce qu'on me demande. Je ne m'occupe pas de ce qui est imprimé, ni des gens à qui c'est destiné. Je vois beaucoup de monde aller et venir, des hommes et des femmes dont je ne connais même pas le nom et qui ne m'adressent jamais la parole. Alors j'aurais du mal à décrire l'une ou l'autre de ces personnes en particulier. »

Pendant une heure, ils essaient de m'arracher d'autres aveux. Mon mutisme semble les convaincre qu'ils ne tireront rien de plus d'un apprenti sans grande importance. C'est du moins ce que je pense lorsqu'ils me reconduisent en cellule. Ils semblent cependant très dépités de ne pas avoir mis la main sur l'émissaire communiste, et je crains qu'ils ne parviennent, d'une manière ou d'une autre, à découvrir la vérité en poursuivant leurs investigations. Dès que la porte s'ouvre, mon dos se glace. Après une dizaine de jours de détention, je commence seulement à croire en mes chances d'échapper à la catastrophe, c'est-à-dire l'exécution.

Durant les deux semaines de notre internement à Saint-Michel, l'emploi du temps est morne, en dehors de la promenade quotidienne qui, entre 10 et 11 heures, nous permet de discuter et de nous détendre quelque peu. À l'isolement carcéral, s'ajoute l'ignorance des événements extérieurs. Aucune information, aucun journal ne pénètrent dans l'enceinte de la prison. Nous ignorons tout des suites de notre affaire et restons sans nouvelles de nos familles. Plus tard, j'apprendrai que ma mère – restée seule à la maison après mon arrestation – s'est présentée à la prison pour tenter de me voir, ou au moins d'avoir de mes nouvelles, évidemment sans succès. On lui a conseillé de m'apporter des sous-vêtements propres et un nécessaire de toilette. En échange, elle a reçu un colis de linge contenant, entre autres, mon tricot de corps taché de sang !

Notre incarcération se prolonge jusqu'à la fin février. Un beau jour, sans prévenir, nous sommes transférés à la gare Raynal, en camion découvert. Pendant le trajet, les gardes SS braquent leur mitraillette sur nous, pour montrer à la population de quelle manière sont traités les terroristes. Presque arrivé à destination, le convoi s'arrête à un feu rouge. J'aperçois, sur le trottoir de droite, l'ami Duchesne, un responsable régional du parti communiste. Il fait partie de ces cadres de la

Résistance qui fréquentaient la boutique de ma mère et qui, apprenant mon arrestation, se sont dispersés dans la nature. Je souhaite d'abord attirer son attention pour qu'il m'identifie et puisse prévenir mes parents, avant de réaliser que le moindre signe de reconnaissance entre nous risque de lui être fatal. Nos regards se croisent mais nous restons d'une totale neutralité. M'a-t-il reconnu ? Je me poserai cette question jusqu'à ce que nous nous revoyions, après mon retour des camps. « Oui ! Je savais que c'était toi, malgré ton crâne rasé », avouera-t-il. Duchesne est en fait le pseudonyme clandestin de Gaston Plissonnier. Il exercera d'importantes responsabilités à la direction nationale du PCF, au lendemain de la Libération. Cet homme est le dernier visage connu que je vois avant d'affronter l'enfer…

2

MAUTHAUSEN

Depuis la libération des camps nazis, les témoignages se sont accumulés sur ce que fut notre séjour dans ces enceintes où la mort, lente ou brutale, restait l'objectif essentiel. En ajoutant ma voix à celles de ces nombreux anciens déportés, je souhaite livrer, au-delà des souvenirs, le sens même de ces mois passés en enfer, la dimension humaine de cette épreuve et, *a posteriori*, la valeur historique qu'il convient d'accorder à cette déportation partagée avec tant d'autres.

L'antichambre de l'enfer

Chargé uniquement d'hommes, le train nous emmène vers Compiègne. Selon les informations qui s'égrènent durant notre périple ferroviaire, il s'agit d'un camp de transit, antichambre de la déportation. Nous prenons place dans les compartiments de huit places. Nous ne sommes guère nombreux ; seules quelques personnes sont venues compléter les rangs des détenus de l'affaire Lion. Le voyage est pénible car notre vieille voiture a été ajoutée à un train de marchandises. Suivant son itinéraire classique, il n'a de cesse de ralentir, manœuvrer et s'arrêter longuement sur des voies de garage ou de triage. Nous voyageons en toute discrétion, sans être vus de la population. Entassés et menottés, nous n'avons pas le droit de bouger et ne pouvons être libérés de nos liens que le temps de nous rendre aux toilettes, sous l'escorte d'un SS armé. Plusieurs d'entre nous profitent de ce moment pour jeter par l'évacuation des toilettes des bouts de papier portant un nom et une adresse. Ils souhaitent qu'un cheminot les trouve sur le ballast, les fasse suivre à leur destinataire et qu'ainsi les familles soient informées de notre départ. Il semble que ce système ait parfois fonctionné, comme je l'apprendrai à mon retour, et que certains de ces messages aient été transmis aux personnes concernées. Le mien, en tout cas, ne fut pas ramassé…

Partis à 10 heures de Toulouse, nous arrivons enfin à Compiègne le lendemain, en milieu de journée. Comparé à ce qui nous attend, ce long, très long trajet n'a pas été d'une grande cruauté. Nous avons, par exemple, pu boire de l'eau. Une fois débarqués, nous pénétrons dans un camp hérissé de barbelés et de miradors qui, nous le comprenons aussitôt, ne sera qu'un lieu de bref passage. L'exil sera notre prochain voyage.

Hormis les rassemblements pour l'appel et les corvées d'entretien, notre activité est réduite. Nous passons notre temps à marcher en cercle autour d'une vaste esplanade et à entretenir des conversations les plus diverses. Ce camp, dit « de triage », est un lieu de brassage où se côtoient des prisonniers venus de toutes les régions de France. Nous rencontrons des personnes raflées au hasard par les Allemands et considérées comme otages. Accablées d'être aussi maltraitées, elles ne peuvent cacher leur désespoir. Comment ont-elles pu se trouver si soudainement et si brutalement en instance de déportation ? Les résistants, communistes et gaullistes, sont cependant les plus nombreux. Nous parlons des conditions et des raisons de notre engagement dans la lutte, mais nos échanges restent prudents : les murs ont des oreilles, dit-on. Les barbelés n'en auraient-ils pas également ?

Quelles que soient nos sensibilités politiques, nos croyances religieuses, nos différences d'âge ou de position sociale, nous nous tutoyons d'emblée. Par cette familiarité, nous témoignons sans doute de notre égalité devant une destinée commune, à laquelle il est nécessaire de faire face ensemble. D'ailleurs, nous n'allons pas tarder à éprouver cette solidarité. Le 22 mars, l'information tombe : nous partons le lendemain pour une destination inconnue. Le soir même, quelques-uns d'entre nous décident de se réunir afin d'examiner la situation. Nous ne souhaitons ni nous morfondre en supputations ni céder à la démoralisation. Comme par défi à la déportation, qui ne fait plus de doute, nous choisissons de chanter, de nous raconter des histoires drôles, voire égrillardes. Il m'est difficile de trouver le sommeil…

Un voyage hallucinant

Le matin, nous nous retrouvons alignés par ordre alphabétique sur le quai de la gare SNCF de Compiègne, soit un millier d'hommes. Il est environ 11 heures. Devant nous s'étire un train d'une dizaine de wagons à bestiaux, encadrés par des SS armés de fusils-mitrailleurs, le doigt tendu sur la détente. Dépourvus de la moindre ouverture, nos fourgons comportent cette mention de la SNCF qui en dit long sur les conditions de notre transport : « HOMMES 40 – CHEVAUX 8 ». À l'avant et à l'arrière du convoi, des mitrailleuses sont installées sur deux wagons plates-formes et braquées sur la voie. Les cheminots sont allemands et, bien que je n'aie pas pu être en contact avec le personnel des machines, je ne verrai aucun Français travaillant sur notre convoi, je tiens à le préciser.

Bagages, ou plutôt baluchons en main, nous n'attendons pas longtemps. Dès que les portes coulissantes s'ouvrent, les SS vocifèrent des ordres que nous ne comprenons pas. Ils se ruent sur nous, nous poussent à coups de crosse dans les wagons, qu'ils referment dès qu'ils les jugent suffisamment remplis. Impossible de compter le nombre de compagnons qui m'entourent. Nous ne sommes pas quarante, comme l'annonçait l'inscription, mais certainement plus du double…

Nous sommes tous choqués d'avoir été embarqués comme du bétail et par la brutalité des SS. Nous ne reprenons nos esprits qu'après le départ du train, qui ne tarde pas. Du fait du manque de place, nous décidons de nous asseoir à tour de rôle et d'utiliser rationnellement la tinette placée dans un coin du wagon afin de satisfaire nos besoins naturels. Chacun comprend que le voyage sera pénible, mais tous semblent décidés à tenir le coup.

Quelques heures plus tard, la nuit tombe. Soudain, une sirène retentit. Le train s'arrête brusquement. Que se passe-t-il ? Nous l'apprenons très vite. Plusieurs camarades, munis de lames de scie à métaux, ont consacré l'après-midi à scier patiemment, sans bruit, des planches de notre wagon. « S'ils réussissent, je saute avec eux », me dis-je. Mais je ne peux mettre ce projet à exécution. Profitant d'un ralentissement, quatre se sont évadés. Les SS les ont aussitôt mitraillés. Les ont-ils atteints ? Nous l'ignorons, mais nous ne les reverrons pas – l'un d'eux serait parvenu s'échapper. C'est alors que les difficultés s'intensifient. La porte s'ouvre brutalement devant des SS fous de rage. Nous avons ordre de nous déshabiller immédiatement, intégralement, puis de descendre sans traîner. Les dix premiers sautent sur le ballast et essuient une rafale de fusil-mitrailleur. Quatre d'entre eux sont grièvement blessés. Les SS hurlent, frappent, menacent de tirer à l'aveuglette. L'affolement est général. Deux wagons, vidés de leurs occupants, sont remplis en peu de temps de nos vêtements et de nos chaussures. Nous sommes embarqués sans ménagement dans les fourgons restants où, complètement nus, nous sommes encore plus serrés qu'auparavant ! L'entassement devient vite insupportable. Dans les haut-parleurs, une voix nous prévient : si quelqu'un essaie de s'échapper, chaque wagon sera mitraillé un quart d'heure durant.

Ainsi débute la première nuit de ce qui reste l'un des moments les plus éprouvants de ma vie. Face au traitement ignoble dont nous sommes l'objet, nous comprenons qu'un sort terrible nous attend. Ce calvaire durera trois jours, sans boire, sans manger et sans voir plus de jour que n'en laissent passer les interstices des planches. Un temps d'épreuve qui, pour ceux qui l'ont vécu, comptera parmi les souffrances physiques et morales les plus dramatiques endurées en déportation.

L'accès de violence et les menaces proférées terrorisent manifestement certains d'entre nous, plus précisément ceux qui, raflés au hasard, ne comprennent toujours pas les raisons de leur arrestation. Contrairement aux résistants, pour qui l'évasion est un devoir, ils redoutent une autre tentative et les représailles qui en découleraient. « Il n'est pas question de se résigner à la terreur du nazisme, leur rétorquent d'autres détenus dont je partage la conviction. L'évasion est le meilleur moyen d'échapper à la haine des SS et de poursuivre la lutte de libération nationale. Ceux qui l'ont tentée ont eu raison, et si de nouvelles occasions se présentent, nous les saisirons. » Nous en restons là mais sentons bien que, de part et d'autre, chacun campe sur ses positions.

Au lever du jour, qui éclaire faiblement l'intérieur de notre prison de bois, le malaise persiste dans une atmosphère de moins en moins supportable. Le manque de nourriture, et surtout de boisson, commence à être éprouvant. La réalité tourne à l'hallucination. Il faut imaginer près de deux cents hommes nus, debout et transpirant, bloqués et tassés les uns contre les autres, dans l'impossibilité de se déplacer pour effectuer leurs besoins, respirant un air de plus en plus vicié et pauvre en oxygène. Sans oublier nos quatre camarades mitraillés qui, embarqués dans notre wagon, succomberont à leurs blessures. De telles conditions ne peuvent qu'avoir de lourdes conséquences physiologiques. La déshydratation de l'organisme, je l'apprendrai plus tard, peut entraîner de graves désordres cérébraux. Ainsi s'explique l'horreur que nous allons vivre lors de la dernière nuit de ce voyage dantesque.

Au soir du troisième jour, la vive altercation au sujet de l'évasion reprend le dessus et s'envenime. Le ton monte, l'agressivité s'amplifie, au point de dégénérer lamentablement en affrontement physique. Les injures fusent et les coups tombent. Nombre de ceux qui n'ont d'abord pas pris parti s'en mêlent. Une sorte de folie collective – sans rapport avec l'objet initial de la dispute – s'empare du fourgon. Ce violent délire me laisse incrédule. Bouleversé, je tente d'y échapper en me faufilant, non sans peine, vers le fond du wagon. Je m'accroupis entre un prêtre en prière qui ne cesse de crier : « Ne blasphémez pas, mes fils ! », et un gendarme qui, désespéré, n'arrête pas de pleurer et de me parler de son fils du même âge que moi. Ils ne survivront pas.

Malgré tout, la place que j'occupe offre un maigre avantage. Sur les poutres de métal encadrant les planches s'est condensée la transpiration, que je lèche le plus souvent possible et qui m'évite sans doute les sévères conséquences de la déshydratation.

Au bout de cette nuit tragique, le train s'arrête. Le calme revient. La porte s'ouvre. Une bienfaisante bouffée d'air frais s'engouffre à l'intérieur. Dehors retentissent les hurlements des SS, qui nous attendent avec leurs armes et leurs chiens policiers. Personne n'ose descendre. Chacun se souvient de la salve meurtrière qui a fauché quatre des nôtres. Mais les *« Raus, schnell ! »* (« Dehors, vite ! »), les aboiements des molosses et les coups de crosse nous obligent rapidement à sauter sur le quai. Nous découvrons alors une gare couverte d'un manteau de neige. Nous nous y précipitons d'instinct pour avaler à pleines mains cette douce poudre, tant est irrésistible le besoin de se réhydrater.

L'enfer a un nom

Entre-temps, le petit jour s'est levé. Le nom de l'enfer qui nous attend est inscrit en lettres blanches sur une plaque noire : Mauthausen. La lumière naissante dévoile les nombreux hématomes, morsures et bosses défigurant ceux qui, au cours des affrontements de la nuit, ont été les plus déchaînés. Hagards, les yeux hallucinés, ils ne semblent pas comprendre ce qui leur est arrivé. C'est alors que nous constatons la mort de nos quatre compagnons mitraillés.

Nos affaires entreposées dans les deux wagons sont jetées en vrac sur le quai. Il est impossible de les y retrouver. Chacun de nous, atterré par les vociférations des SS, récupère ce qu'il peut pour se vêtir et surtout se chausser, dans une cohue incroyable. Dans ces moments pénibles, j'aide de mon mieux le curé, totalement désemparé, à s'habiller et se chausser. Le tableau est saisissant. Plusieurs centaines d'êtres humains totalement dévêtus, terriblement éprouvés par ces trois jours de voyage atroce, pataugent dans la neige, sur un quai, à la recherche de vêtements et de chaussures. Ils sont bousculés par des militaires prêts à faire feu. Les crosses s'abattent. Tenus en laisse, les chiens enragés aboient férocement. Telle est la scène inouïe offerte par la petite gare de Mauthausen, à l'aube du 26 mars 1944.

Nous avons trop peu de temps ; il faut rapidement se mettre en rang. Si vite que certains s'alignent torse nu, d'autres jambes nues et plusieurs, n'ayant pas trouvé de souliers à leur pointure, pieds nus. Placés en colonne par rangs de cinq, nous sommes prêts à partir, lorsqu'un des SS les plus gradés s'adresse à nous par interprète interposé.

« Nous avons six kilomètres à parcourir. Il n'y a pas de temps à perdre. Durant la traversée du village, tout homme qui quittera la colonne sera abattu. Plus loin, nous traverserons un bois. Il est vain de tenter une évasion, celui qui essaierait de s'échapper serait aussitôt rattrapé par les chiens et dévoré vivant… *Vorwärts* (« En avant »). »

Notre triste cortège s'ébranle, trop lentement à en juger par la répétition des *« Schnell, schnell, schnell »*. Marcher ne suffit pas, il faut courir, de sorte que je perds la sandalette qui couvrait l'un de mes pieds. Heureusement, j'ai trouvé une paire de chaussures trop grandes, que je partage avec le curé. Ainsi, je peux changer de pied pour éviter le gel. Les plus faibles sont moins chanceux que moi. De toute évidence, les coups de feu tirés en fin de colonne indiquent que certains n'ont pu aller plus loin. Leurs noms seront rayés de la liste, assortis de la mention « tentative d'évasion », comme je le saurai plus tard.

Le froid est mordant, mais la marche au pas de gymnastique à laquelle nous sommes contraints en atténue la rigueur. À trois ou quatre kilomètres de la gare, nous gravissons un chemin de terre pierreux et très pentu. La progression devient beaucoup plus ardue que sur le bitume. Les SS ne permettent pas le moindre ralentissement et nous font avancer sous les coups. Les plus mal chaussés, ou ceux dont les pieds nus s'écorchent sur le sol, ont du mal à suivre. Nombreux sont ceux qui trébuchent et chutent. Les plus valides s'efforcent de les aider tant bien que mal. La solidarité entre victimes des mêmes atrocités reprend le dessus ; l'ardente volonté de survivre à cette épreuve infernale pousse chacun de nous à aller au bout de ses forces. Bientôt, le parcours devient moins abrupt et laisse entrevoir, au loin, les contours d'une immense construction.

Cette bâtisse impressionnante est la forteresse du camp de la mort de Mauthausen. Quelques centaines de mètres plus loin, nous gravissons un escalier débouchant sur une porte monumentale, surmontée d'un aigle en bronze. Énorme et hideux, il est fixé sur une croix gammée. Les battants s'ouvrent. Nous devons serrer les rangs et, pour être comptés, respecter strictement notre alignement cinq par cinq. Combien étions-nous au départ ? Combien sommes-nous à l'arrivée ? Nous l'ignorons, mais nous comprenons que le traitement qui nous est infligé ressemble fort à une méthode de dressage.

C'est alors qu'une odeur de fumée âcre et de viande brûlée nous saisit, qui ne nous quittera plus jusqu'à notre libération. L'explication ne tarde pas. Elle nous est fournie par les propos, on ne peut plus sinistres, du préposé à la réception, qui s'exprime à peu près en ces termes : « Vous venez de franchir la porte du camp de travail. Sachez que vous ne le quitterez pas en sens inverse. La seule sortie possible, c'est par là. » Il désigne du doigt la haute cheminée fumante du four crématoire. « Avez-vous compris ? », s'écrie-t-il. Nous devons répondre : *« Jawohl ! »*, une interjection qui n'a pas d'équivalent en français mais qui veut dire « Oui, tout à fait » ou « Mais oui ! ».

Rassemblés dans la cour du camp, nous voyons circuler des hommes portant une espèce de tenue de bagnard, en drap rayé bleu et gris. Nos geôliers vont procéder à notre recensement. Pour cela, ils consultent la liste établie depuis le départ de Compiègne-Royallieu.

« Tu t'appelles Séguy Georges ? me demande un Allemand baragouinant le français, lorsque mon tour arrive.

— Oui !

— Tu es français ?

— Oui !

— Tu es catholique ?

— Non !

— Tu es juif ?

— Non !
— Alors tu es quoi ?
— Rien ! »

Il hausse les épaules et marque en face de mon nom : « catholique ». Mon patronyme et mon prénom viennent d'être prononcés pour la dernière fois à Mauthausen. Désormais, je ne répondrai qu'à mon seul numéro matricule : 60581. Une marque supplémentaire de cette volonté de nous avilir et de nous asservir.

Après ce relevé d'identité, ou plutôt cette disparition de nos identités, nous devons déposer sur une table montre, alliance et autres bijoux. Les gardes-chiourme nous dirigent alors vers un mur de granit, situé au fond de la cour. Nous allons y stationner pendant des heures, soumis à une bise glaciale. Les déportés appellent ce lieu d'attente « le mur des lamentations ». Et que dire de la faim qui nous tenaille ? Nous jeûnons depuis trois jours et aucune nourriture ne nous est servie. Durant cette épreuve, les haut-parleurs diffusent un air révolutionnaire allemand. À mon grand étonnement, je reconnais cette chanson, que j'ai apprise chez les jeunes communistes : « Marchons au pas, camarade, marchons au pas hardiment, par-delà les barricades, la liberté nous attend… » Les nazis ont gardé la mélodie, mais en ont changé les paroles pour en faire un chant hitlérien !

Notre tourment finit par s'achever. Par groupes de trente ou quarante, nous descendons des escaliers menant à une vaste salle en sous-sol. Munis de leurs instruments, les *Friseurs* – mot allemand pour « coiffeurs » – nous attendent. Ces déportés de différentes nationalités nous tondent de la tête aux pieds, sans oublier nos parties intimes, dont le moindre poil est supprimé au rasoir-couteau (ou coupe-chou) avec une impressionnante et redoutable rapidité. Pour achever cette séance, un pinceau est trempé dans un vase contenant un liquide à forte odeur de grésil, puis appliqué entre les fesses, mesure d'hygiène destinée à purifier le corps. Quant à ceux que nos geôliers soupçonnent d'avoir dissimulé un objet de valeur, ils subissent un toucher rectal...

À ces séances désagréables succède une douche bienfaisante, tranchant avec ce que nous venons de vivre. Nous descendons encore un escalier et pénétrons dans une salle couverte de céramique blanche. Est-ce le présage d'un traitement moins impitoyable que nous ne le supposions ? Nous en arrivons même à plaisanter sur notre passage au « salon de coiffure », qui nous a rendus méconnaissables et tous semblables. Le répit est malheureusement de courte durée. Les sourires provoqués par cette uniformité se figent. L'eau tiède refroidit et devient glacée. Notre premier réflexe est de fuir. Nous trouvons les portes verrouillées et des gardes qui, torse nu, matraquent quiconque tente de s'échapper. Aussi sommes-nous contraints de subir jusqu'au bout ce cruel traitement. Après nous être séchés tant bien que mal, nous recevons une chemise, un caleçon chiffonné et une paire de planches de bois pourvues de deux lanières, certes de cuir, mais qui ne peuvent se fixer aux pieds. Nous les perdons souvent et nous nous attirons les cris ou les coups de nos geôliers. Nous partons alors pour notre destination : le block de quarantaine numéro 15.

La réalité des camps

Avant de poursuivre le récit de cette déportation, il me faut en planter le décor, afin de rendre plus intelligible le sentiment de banalisation de la mort qui nous a saisis dès notre arrivée.

Situé au pied du Tyrol, au bord du Danube, dans un site touristique en aval de la ville de Linz, Mauthausen est un paisible village autrichien. C'est en ce lieu agréable qu'en 1936, peu après l'annexion de l'Autriche par Hitler, est édifié un camp. Ce village devient bientôt l'un des endroits les plus sinistres d'Europe, symbolisant la barbarie du IIIe Reich et l'univers concentrationnaire nazi, dont il est utile de retracer les grandes étapes.

Hitler, arrivé au pouvoir en 1933, ne dispose pas de structures d'incarcération suffisantes pour appliquer ses mesures de répression politique, puis « raciale », et pour interner toutes les victimes de cette vaste persécution. C'est pourquoi sont créés les camps de Dachau, Oranienburg, Sachsenhausen, Buchenwald, Ravensbrück (réservé aux femmes) et celui de Mauthausen, dont l'activité débute en 1938.

Quelque cinq cent mille antifascistes allemands (communistes, socialistes, chrétiens, démocrates, syndicalistes) ainsi que des détenus juifs et tsiganes d'Allemagne en sont les premiers occupants. Par la suite, la majorité des pays d'Europe occupés par l'Allemagne accueilleront des camps, tels ceux de Terezín (Theresienstadt) en Tchécoslovaquie, Auschwitz en Pologne et Natzwiller-Struthof en Alsace, considérée alors comme une province allemande. Du début des années 1940 jusqu'à la défaite de l'Allemagne nazie en 1945, ces centres d'internement, surnommés justement les « camps de la mort », ne cessent de se multiplier et d'exploiter des détenus venus de tous les pays d'Europe. Si les noms d'une douzaine d'entre eux sont aujourd'hui mondialement connus, il faut savoir que chacun était alors divisé en de multiples unités appelées *kommandos*, où la mortalité était souvent supérieure à celle du complexe central dont elles dépendaient. Selon la plus précise des évaluations d'après-guerre, il existait à cette époque plus de deux mille de ces annexes, où des centaines de milliers d'hommes et de femmes étaient martyrisés jusqu'à la mort. Je tiens à préciser ici que, si la Résistance française avait connaissance de ces camps où s'étaient d'abord entassés les antinazis, elle en ignorait l'ignominie !

Après la guerre, les camps furent classés en deux catégories : répression ou extermination – cette dernière regroupant les *SS Sonderkommando* ou SK qui, tous situés en Pologne, avaient été plus spécialement chargés de l'élimination programmée et organisée des juifs et des tsiganes, mais aussi des Slaves, honnis d'Hitler (Auschwitz-Birkenau, Belzec, Chelmno, Maïdanek, Sobibor, Treblinka). Cette répartition formelle laissait supposer que les nazis avaient opéré une nette différence entre les déportés : d'un côté, ceux qui, pour des raisons prétendument raciales[1] (juifs, tsiganes), étaient voués à l'extermination rapide à l'aide de gaz ; de l'autre, les prisonniers regroupés sous le terme général de « politiques », soumis à un travail de forçats jusqu'à l'épuisement total et la mort (antifascistes, communistes, socialistes, syndicalistes et autres démocrates).

La réalité a relativisé cette distinction. Il n'existe pas de chiffres permettant de dresser précisément de comptabilité macabre, mais certains déportés « raciaux » furent exterminés par le travail et des politiques par les gaz. Sans parler des décès dus aux brutalités, à la famine et aux épidémies, sources de ravages dans tous les camps.

Pour les nazis, que nous soyons résistants, de « race » différente ou simplement arrêtés lors de rafles, nous étions nuisibles et condamnés à disparaître. Certains purent prolonger leur vie en travaillant pour le IIIe Reich, dont les besoins en main-d'œuvre gratuite – notamment pour la production d'armement – étaient importants. Cependant, durant les six ou huit derniers mois de la guerre, la surpopulation carcérale et la perspective de la défaite décidèrent les nazis à réduire cette population en recourant plus systématiquement aux chambres à gaz.

1. Rappelons qu'il n'existe qu'une seule race humaine, avec sa diversité, et en aucun cas plusieurs races, ineptie répandue justement au XIXe siècle par les fameux théoriciens de la race dont s'inspirera Hitler. Le génocide des juifs, décidé et planifié en janvier 1942 par la conférence de Wannsee, s'inscrit dans ce cadre.

Pour atteindre leur but – l'élimination totale –, les SS, grands ordonnateurs des camps, utilisaient des méthodes fondées sur le même principe : écraser leurs victimes et réduire l'être humain à l'état primitif, en le brimant, l'humiliant et le frappant pour le rendre docile et le ravaler à un rang « pire que celui des animaux », selon l'expression que nous utilisions.

Cette déshumanisation par les moyens les plus monstrueux restera dans l'histoire comme l'une des principales caractéristiques de la barbarie nazie. À cet égard, Mauthausen fut l'un des camps réputés les plus meurtriers. En annonçant aux nouveaux arrivants que la seule issue possible était la cheminée du crématoire, les SS ne cherchaient pas seulement à leur ôter tout espoir de survie : ils les informaient de la fonction assignée à cet enfer. Mais revenons à notre récit…

À Mauthausen comme ailleurs, tout est fait dans cet esprit. Les détenus se distinguent les uns des autres par un triangle qui, porté à gauche de la poitrine, précède le numéro de matricule et sur lequel figure la première lettre de leur pays (« F » pour les Français). Il se fait rouge pour les politiques, vert pour les droits communs, noir pour les asociaux, bleu pour les apatrides. Dans cette dernière catégorie sont rangés les républicains espagnols qui, n'ayant pu s'évader des centres d'internement français, ont été livrés aux nazis par l'État français à partir d'octobre 1940. Ils ont fini pour la plupart à Mauthausen, dont ils ont construit la forteresse.

Mauthausen est entouré par deux hautes clôtures de barbelés électrifiées. Entre ces deux barrières, court un chemin de ronde que sillonnent en permanence des SS accompagnés de leurs chiens. Le camp est également cerclé de miradors espacés de vingt à trente mètres les uns des autres et dotés de puissants projecteurs électriques. L'« AppelPlatz » en est le cœur. Chaque jour et quel que soit le temps, les détenus y sont comptés à deux, trois, quatre reprises ou plus, dans un silence et une immobilité absolus. Cette vaste esplanade est le principal lieu de rassemblement, mais aussi de sanctions collectives ou d'exécutions publiques. En cas de pendaison, résonne la mélodie d'une chanson en vogue des années 1940 : « J'attendrai le jour et la nuit ». C'est enfin sur l'AppelPlatz que les détenus peuvent se retrouver le dimanche. Ce jour chômé est l'occasion de rencontres et de conversations. Nous assistons parfois à des spectacles musicaux ou sportifs, tels les combats de boxe, très prisés des SS.

À gauche de cette place, se trouvent les blocks, c'est-à-dire les baraquements en bois. À droite, se dressent les douches, la buanderie, la laverie, les cuisines et le bunker, construction en dur comprenant la chambre à gaz et le crématoire. En sortant du camp, après avoir tourné à gauche, un affreux chemin de terre conduit, 300 ou 400 mètres en contrebas, au *Revier*, infirmerie ou camp des malades, que nous appelons le mouroir.

La gestion et la direction de ce vaste complexe reviennent aux SS, qui habitent un lotissement en bois situé à 200 mètres de l'entrée. Les différentes fonctions d'administration, d'ordre, de police et de répression sont confiées à des détenus de droit commun, extraits des prisons allemandes. Chaque block possède ainsi son *Blockälster* (« chef de block »), son *Blockschreiber* (« secrétaire »), son *Stubendienst* (« responsable de chambrée ») et son *Blockfriseur* (« coiffeur »). Cette « élite » a tous les droits, y compris celui de tuer. Toute attitude jugée répréhensible ou déplaisante est châtiée, les punitions pouvant avoir des dénouements tragiques.

Les activités extérieures au block (essentiellement le travail) sont quant à elles placées sous la surveillance de « kapos » nommés par la direction générale. La main continuellement posée sur une matraque dont ils usent à leur guise et selon leur humeur, ces prisonniers de droit commun au zèle parfois cruel disposent d'un pouvoir absolu de vie ou de mort.

Enfin, à Mauthausen, de nombreux déportés ne séjournent au camp proprement dit que durant un laps de temps très court, avant d'être répartis dans la soixantaine de *kommandos* autonomes. Les plus « connus » (Gusen I, Gusen II, Gusen III, Ebensee et Linz) confinent plusieurs milliers de prisonniers. Moins célèbre, le château d'Hartheim a été réquisitionné par les SS et transformé en centre de recherches sur le corps humain. On sait combien de malheureux servirent de cobayes aux diverses expériences médicamenteuses et chirurgicales. On sait aussi qu'aucun de ceux qui furent choisis par les SS pour ces macabres essais n'a survécu…

Première épreuve : la quarantaine

Situé au bout du camp, à gauche, le block 15 est le cinquième et dernier block de quarantaine. Comme les autres, il a initialement été conçu pour loger une centaine de détenus, à raison de cinquante par dortoir (*Stube*). En réalité, nous nous y entassons à plus de quatre cents. Nous sommes épuisés par les trois journées que nous venons d'endurer. Une faim atroce nous tenaille car nous n'avons rien mangé depuis notre départ de Compiègne. Enfin, le soir venu, nous recevons notre ration : le tiers d'une boule de pain et un cube de margarine. Tout est englouti en quelques secondes.

Le *Blockälster*, un vieux droit commun condamné pour crime, s'adresse à nous : « Ici c'est moi qui commande, toute indiscipline sera sévèrement sanctionnée. Pour le moment, vous ne travaillez pas, mais nous trouverons de quoi vous occuper. Vous devez connaître votre numéro matricule en allemand, veiller à votre propreté et à celle du block. Malheur à celui qui attrapera des poux. Dès le signal du couvre-feu, tout le monde se couche en silence. »

Pour compléter notre tenue, composée jusque-là d'une chemise et d'un caleçon, nous recevons une veste, un pantalon et un calot rayés bleu et gris, souvent mal taillés. Une gamelle et une cuillère nous sont également remises : elles ne seront pas remplacées en cas de perte. Sur le côté gauche de la veste, nous devons coudre un morceau de tissu blanc portant notre numéro matricule, précédé du triangle rouge marqué de la lettre « F ». Les deux responsables des dortoirs testent notre aptitude à mémoriser notre matricule. Malheur à celui qui trébuche : il reçoit un coup de matraque sur la tête.

Dès que retentit le couvre-feu, nous devons nous coucher sur les matelas bourrés de sciure ou de paille, alignés à même le sol. Cet exercice s'avère difficile, tant nous sommes nombreux, mais les matraquages et les hurlements des gardes nous y contraignent. Et nous voilà allongés en chien de fusil, serrés comme des sardines. La bousculade est indescriptible et je me retrouve sur une paillasse proche du bureau du chef de block.

Peu après l'extinction des feux, un individu parlant allemand s'approche de moi, manifestant d'évidentes intentions sexuelles. Plus tôt, tandis qu'il conversait avec le *Blockälster*, je l'avais remarqué au crocodile tatoué sur son avant-bras. Ma réaction est si vive que les lumières se rallument. Il décampe en vitesse. Cet incident me révèle une chose : durant la quarantaine, nous devrons faire face à ce genre d'agressions et ne pourrons compter que sur nous-mêmes. Après cette période, les jeunes proies sont placées sous la protection de l'organisation de résistance, dont la puissance suffit à dissuader les agresseurs éventuels. Cet épisode met aussi au jour une contradiction du régime nazi : celui-ci considère l'homosexualité comme une tare immorale et nuisible à la société, mais il n'a pu préserver son univers concentrationnaire de ce phénomène.

La quarantaine consiste en un isolement propice à notre « domptage ». Une fois par semaine, le *Blockfriseur* passe un coup de tondeuse sur le haut de notre crâne, créant une bande allant du front à la nuque. Cette coiffure doit permettre notre repérage immédiat en cas d'évasion du camp, pourtant réputé infranchissable. La cruauté sous toutes ses formes a pour but de transformer l'être humain en un esclave totalement soumis, de l'asservir au régime nazi. Ce dressage implique l'apprentissage incontournable de certains mots allemands, qu'il vaut mieux connaître pour éviter les coups de trique. En voici quelques-uns : *Schnell* (« vite »), *Ruhe* (« silence »), *Raus* (« dehors »), *Eintreten* (« en rang »), *Halt* (« stop »), *Arbeit* (« travail »). Notre marche est rythmée par des *ein, zwei, drei, vier* (« un, deux, trois, quatre »). *Mützen ab* (« décoiffez-vous »), nous ordonnent nos bourreaux en chef, lorsqu'il nous arrive de défiler devant eux. Le nombre *fünf und zwanzig* (« vingt-cinq ») me laisse d'abord dubitatif. Que signifie-t-il ? Les circonstances vont bientôt m'éclairer douloureusement.

À midi, heure de distribution de la soupe végétale, essentiellement composée de rutabaga, chacun observe le niveau des bidons de soupe. Il s'agit d'occuper la place qui, dans la file d'attente, permettra d'obtenir les dernières louchées, plus épaisses. Les jeunes Ukrainiens, experts dans cet exercice, réussissent parfois à avaler prestement le contenu de leur gamelle pour tenter d'obtenir une seconde ration. C'est risqué mais pas impossible. Stimulé par la faim, je tente le coup. Malheureusement, l'un des caïds chargés de nous surveiller me prend en flagrant délit et me dénonce aussitôt au chef de block. La distribution terminée, le vieux *Blockälster*, armé de sa matraque, hurle : « 60581 ! » Devant tous les détenus du block 15, je dois baisser mon pantalon et m'agenouiller, les coudes appuyés sur un tabouret. Je vais subir une terrible punition : la *« Fünf und zwanzig »*, vingt-cinq coups de goumi, un gros câble électrique gainé de caoutchouc sur les reins. Dans le silence de cette lugubre cérémonie, le vieux bandit, fier d'être la vedette du spectacle, prend son élan. Je serre les dents. Il n'aura pas le plaisir de m'entendre hurler. Le tortionnaire frappe de toutes ses forces. « *Ein !* », crie-t-il. La douleur est telle que je ne peux retenir une plainte rauque. *« Zwei, drei, vier »*. Elle s'étend à tout mon corps. Après *« fünf »*, je ne peux plus compter. À moitié inconscient, je ne ressens presque plus l'effet des coups, mais une terrible secousse lorsque s'abat le goumi.

Quand le supplice prend fin, mes camarades me saisissent et m'entraînent, chancelant, dans un coin du block, où je reprends peu à peu mes esprits. Selon eux, le *Blockälster* n'a frappé que dix-huit coups au lieu des vingt-cinq réglementaires. D'aucuns pensent qu'il n'a pas eu la force d'aller jusqu'au bout. D'autres estiment qu'un éclair d'humanité l'a traversé et incité à cesser de martyriser un adolescent coupable d'avoir trop faim. Pendant plusieurs jours, mon urine est teintée de sang et, lors des appels où le garde-à-vous est obligatoire[1], je ne parviens guère à me tenir droit.

Je surmonte cette épreuve et fais des rencontres. Parmi les porteurs de bidons de soupe du

---

1. Cette flagellation m'a laissé une sévère lésion de la colonne vertébrale, dans la région lombaire, qui surprend toujours les médecins lorsqu'ils la repèrent sur une radiographie.

midi et de pain du soir, je remarque un Espagnol qui porte le triangle bleu des apatrides, signe qu'il est un combattant de la guerre d'Espagne. Il se montre plutôt hostile à l'égard des Français, dont je suis l'un des deux plus jeunes représentants. Je décide de lui parler :

« Tu as l'air de nous en vouloir. Pourquoi ?

— J'ai fait la guerre d'Espagne contre le franquisme en tant qu'anarchiste et je ne pardonne pas aux Français de m'avoir emprisonné pour me livrer à Hitler.

— Je te comprends, mais les Français qui sont ici n'y sont pour rien. Personnellement, j'ai contribué à plusieurs évasions dans des camps proches de Toulouse où étaient internés nos camarades espagnols. Nombre d'entre eux sont entrés dans la Résistance à nos côtés. »

Cette brève conversation lui donne matière à réflexion. Dès le lendemain, il nous aborde avec le sourire. Les républicains espagnols ont souvent payé de leur vie la construction du camp de Mauthausen. Les survivants, que nous rencontrons à notre arrivée, se sont organisés au sein d'une structure de résistance et exercent des fonctions administratives dans le camp, ce qui les préserve des travaux les plus pénibles et les plus dangereux. Leur position et leur expérience nous seront d'une aide précieuse pour affronter les risques auxquels nous serons confrontés.

En juin 1944, je fais une autre rencontre, tandis que la quarantaine se poursuit. Le soir, après le partage du pain et avant le couvre-feu, nous observons les allées et venues des détenus du « camp libre », appellation donnée par dérision à ceux qui ne sont plus enfermés en block d'isolement. Bien qu'il nous soit strictement interdit de leur parler, je fais la connaissance d'un déporté qui, le soir, se promène autour de notre block et me parle à travers le grillage. C'est Tatave[1], chargé par le comité français de l'organisation clandestine de savoir qui nous sommes et d'où nous venons. Ainsi, les camarades français qui nous ont précédés sont organisés et nous connaissent. Ce constat nous ragaillardit et nous attendons encore plus impatiemment la fin de la quarantaine.

Le changement tant espéré intervient alors que l'été succède au printemps. Le block 15 est intégré au camp libre, ses détenus sont dispersés. Certains partent en *kommando*. D'autres restent pour travailler à la carrière. Je suis de ceux-là.

Les pierres de la douleur

À cette époque, Wienergraben, la carrière de Mauthausen, est réputée pour être l'une des plus étendues d'Europe. Sous le IIIe Reich, elle devient la propriété des SS, qui en tirent un profit d'autant plus important que la main-d'œuvre employée ne leur coûte rien. Son nom lui vient de ce que la plupart des artères de Vienne sont pavées de son granit. Ce matériau a également servi à construire l'imposante forteresse emblématique du camp de la mort de Mauthausen.

1. Octave Rabaté, qui sera après la Libération journaliste à *L'Humanité*, en charge des affaires sociales.

Nouvelle phase de notre vie de bagnard. La journée débute par un superbe lever de soleil illuminant un ciel splendide. Après la sommaire toilette au lavabo et la boisson du matin qualifiée abusivement de café, nous rejoignons l'AppelPlatz pour l'appel général. Ensuite, les détenus issus des trois blocks de quarantaine sont regroupés.

Nous sommes affectés au travail de la carrière et formons un groupe de plus de trois cents hommes. Un tonitruant « *Vorwärts !* » retentit. La file de déportés s'ébranle vers la sortie. À l'approche de la porte principale, un second ordre est lancé : « *Mützen ab !* » Certains ne s'exécutent pas assez rapidement et payent ce manque de promptitude d'une volée de coups de matraque. La marche doit être bien cadencée ; nous nous frappons la cuisse droite à l'unisson.

La porte franchie, nous passons entre deux rangées de SS armés ou tenant en laisse des chiens prêts à bondir. Après avoir longé leurs habitations, je reconnais sur la gauche le chemin par lequel nous sommes arrivés. Nous arpentons un sentier pierreux et admirons les cimes enneigées du Tyrol, luisantes sous le soleil. Au-dessous, se dessine une superbe vallée où coule paisiblement le Danube. Pourquoi avoir bâti un camp de la mort sur un site aussi merveilleux, où tout exalte l'amour de la vie ?

Mais il n'est pas question de flâner. Il faut avancer plus vite. La tête de notre colonne s'apprête à descendre un escalier. Placés en queue, nous devons encore parcourir 200 ou 300 mètres pour rejoindre celui-ci. Au moment où nous atteignons la première marche, les événements se précipitent.

Sous les vociférations des SS, les aboiements des chiens, les coups des kapos, nous sommes forcés de descendre à la hâte. Beaucoup tombent, se blessent et sont sauvagement matraqués. Impossible de s'entraider. Nous ne descendons pas l'escalier mais le dévalons dans la panique générale. Des coups de feu claquent. Parvenus, plus ou moins meurtris, à la dernière des 186 marches, nous formons un rang, pour être de nouveau comptés. Six, il manque six de nos compagnons ! Ce constat laisse les SS et les kapos indifférents, mais nous savons que nous ne reverrons plus ces malheureux. De toute façon, le travail nous attend...

Située au pied d'une falaise d'une soixantaine de mètres, la carrière est jalonnée d'innombrables tas de roches de différentes dimensions, de petites baraques, d'engins divers. Cet immense espace est sillonné de rails sur lesquels circulent des wagonnets. Au fond de la vallée, coule un petit ruisseau que longe une route pierreuse où se succèdent d'énormes camions transportant le granit. Sur l'autre rive, se dresse un atelier de métallurgie, le Rüstung I (« préparation »), où une centaine d'internés, dont une vingtaine de Français, travaillent sur des machines-outils.

Consternés par cette descente infernale, nous restons prostrés lors de notre répartition. Les camarades français qui s'échinent à la carrière depuis plusieurs mois parviennent à s'adjoindre leurs compatriotes. Profitant de quelques instants de répit, ils nous font brièvement part de leur expérience. Cette folle descente n'est pas habituelle : les SS usent de cette pratique barbare pour accueillir les nouveaux venus et leur signifier que le travail sans violence n'existe pas ! Tous les jours, douze heures durant, nous sommes surveillés par des kapos et des SS. Postés sur les hauteurs, ces derniers observent tout le monde, y compris les kapos, qui sont passibles de sanction, voire d'exécution, si leur attitude envers les détenus n'est pas assez inflexible. Nous devons donc continuellement rester en mouvement, tout en conservant suffisamment de force pour affronter l'épreuve de fin de journée : l'ascension de l'escalier. Enfin, nos camarades nous donnent une dernière recommandation : les opérations de dynamitage, qui facilitent l'extraction du granit, sont en général annoncées, afin de permettre aux équipes de se mettre à l'abri. Il arrive cependant que l'alerte n'intervienne qu'au tout dernier moment, voire pas du tout ! Dès que quelqu'un crie *« Passt auf ! »* (« Attention ! »), il faut donc immédiatement trouver un refuge !

Avant le déploiement des équipes à leurs postes respectifs, la carrière semble complètement figée sous le soleil, tel le décor d'un film de science-fiction, sur une planète déserte, sans arbre ni brin d'herbe. Pas un oiseau ne fait entendre son chant. Dès que retentit la sirène annonçant le début du labeur, mes compagnons se mettent en branle, brisant cette tranquillité. Des hommes courent dans tous les sens. Outre les cris des kapos, les marteaux-piqueurs rompent le silence. Projetés dans les wagonnets, les blocs de granit font résonner le métal et ce bruit se répercute d'un bout à l'autre du chantier. De temps en temps, la détonation d'un dynamitage parvient à dominer ce lancinant brouhaha, tandis que la poussière intense crée un épais brouillard.

Ma mission : remplir les wagonnets et les pousser jusqu'au point de chargement des camions. J'ai affaire à un kapo polonais. Contrairement à la mauvaise réputation de la plupart de ses compatriotes, très engagés dans la répression, il nous surveille sans user de trop de brutalité.

Sur le coup de midi, un autre signal nous indique l'heure de distribution de la soupe, riche en eau, pauvre en légumes. C'est alors la ruée vers les bouteillons. Affamés, nous buvons cette pitance à même la gamelle, sans nous servir de la cuillère… et le plus vite possible, au cas où il y aurait un peu de rabiot. Cette pause ne dépasse pas les vingt minutes et il vaut mieux en profiter pour satisfaire le moindre besoin naturel. Prévues à cet effet, les tinettes sont rapportées de la carrière par des déportés pris au hasard, puis répandues dans les jardins des SS, afin de fertiliser la terre.

Impatients de sortir de quarantaine, nous ignorions à quel point cette première journée de labeur serait éprouvante. L'angoisse de la tragique descente du matin, les cadences de remplissage des wagonnets, les douleurs musculaires et les pressions menaçantes des kapos nous ont fait passer douze heures atroces, dans un climat de tension permanente. Sans oublier le soleil de plomb et le bout de nos doigts, écorché par le granit brut. Mais le plus dur reste à venir…

Notre travail achevé, nous devons nous remettre en rangs et nous munir d'un bloc de pierre. Il convient de bien le choisir : s'il est trop massif, la montée des 186 marches sera peu aisée, mais, s'il est trop petit, un kapo pourra ordonner son échange. Lestés d'une charge redoutable, alignés par rangs de cinq, nous entamons la sinistre ascension. Toujours positionné en queue, notre groupe a reçu quelques conseils de la part des anciens : s'efforcer de gravir chaque marche au même rythme, pour ne pas s'essouffler ; éviter de s'arrêter ; ne pas laisser tomber le bloc de granit ; aider les camarades en difficulté.

Au cours de la montée, nous doublons des détenus âgés, de diverses nationalités. À bout de souffle, ils ne parviennent pas à suivre la cadence. Les cris et les coups des kapos n'y changent rien. Certains trébuchent et tombent. Nous essayons en vain de les secourir, mais il faut avancer et, malheureusement, les dépasser. Nous ne les reverrons pas le lendemain, c'est certain. D'aucuns perdront la vie. D'autres, jugés inaptes au travail ou insuffisamment productifs, seront transférés au *Revier* ou directement à la chambre à gaz. Ainsi les effectifs sont sans cesse renouvelés. Chaque jour, des prisonniers novices font l'apprentissage de ce dur labeur.

Libérés de nos charges de granit, nous sommes inspectés par les SS, qui repèrent vite les plus déficients et les excluent du *kommando* de la carrière. Face à ces regards scrutateurs, chacun s'efforce de paraître en forme, de marcher droit, tête haute. Il en est même qui gonflent leurs joues pour dissimuler leur maigreur. Voilà la carrière de Mauthausen et son maudit escalier ! Nous n'osons imaginer quel calvaire nous attend en plein hiver, lorsque la neige et le gel transforment les marches en patinoire.

La vie en « camp libre »

Dès le premier soir dans le camp libre – entre la distribution des maigres denrées et le couvre-feu –, je me lie d'affection avec les camarades français transférés à Mauthausen un an avant nous, voire davantage. La plupart sont des « triangles rouges », des déportés politiques de diverses sensibilités. Plusieurs d'entre eux sont des communistes, arrêtés dès 1939 ou 1940 par la police française, avant ou après l'instauration du pouvoir de Vichy. Jugés et condamnés pour leurs convictions, ils ont purgé des peines plus ou moins lourdes en France. Au lieu de les libérer au terme de ces peines, l'État français les a livrés aux nazis. Ces derniers les ont déportés sous l'appellation de « NN », *Nacht und Nebel*, « Nuit et brouillard », qui signe leur condamnation à mort.

Dès leur arrivée, ils ont découvert l'existence de l'organisation clandestine que j'ai évoquée, créée à l'initiative des républicains espagnols. Cette structure rassemble des antifascistes de différentes nationalités. Son objectif prioritaire : résister à la domination de la mafia des criminels allemands de droit commun et, si possible, l'évincer pour prendre sa place dans la gestion interne du camp.

En confiant les principales fonctions d'encadrement à de tels individus, les nazis entendent montrer leur mépris de la « racaille » déportée, qu'elle soit politique ou non. Pour autant, ces auxiliaires de la barbarie nazie ne bénéficient pas de l'estime ou de la confiance des SS. À la moindre incartade, ils peuvent subir un châtiment fatal. Leur pouvoir dans le camp leur permet les pires cruautés, mais ils se doivent d'assurer une organisation matérielle et administrative efficace. Or, leur compétence dans ce domaine laisse à désirer. En outre, ils n'hésitent pas à tirer profit de leurs prérogatives à des fins personnelles. Les détenus politiques, de plus en plus nombreux et de mieux en mieux organisés clandestinement, apprennent à tirer avantage de ces failles. Dans plusieurs secteurs (entretien, cuisine, buanderie, administration et même surveillance du travail), ils se substituent peu à peu aux prisonniers de droit commun.

Cette évolution, remarquée dans d'autres camps, se fit, à Mauthausen, progressivement. Elle paraissait tellement logique et inévitable que les SS ne voulurent ou ne purent s'y opposer. Début 1944, l'exécution obscure d'un triangle vert, un droit commun allemand exerçant jusque-là la fonction de premier secrétaire administratif de Mauthausen, symbolisa cette mutation. L'homme fut remplacé par un triangle rouge résistant. Ce changement facilita la vie dans le camp et la mise en œuvre des premières formes de l'organisation clandestine.

Composés essentiellement de résistants, les deux derniers convois venus de France – le nôtre en mars 1944 et le suivant en avril – renforcent sensiblement le dispositif français, au cours de l'été 1944. La volonté de résister à l'ennemi au sein même de son système concentrationnaire nous permet d'espérer survivre à l'enfer. Il importe cependant d'être extrêmement vigilants et de rester attentifs à la menace de mouchardage. Pas question de se réunir pour parler de nos actions et de savoir qui fait quoi ! D'ailleurs, notre organisation est scindée en « familles » composées de cinq détenus. Un seul d'entre eux entretient des relations avec un camarade supérieur dans la hiérarchie. Ce principe s'exerce à tous les échelons, depuis la base jusqu'au comité international, dont personne ne connaît la composition.

Le rôle de ce réseau est triple. Premier souci : faire preuve de solidarité pour venir en aide aux plus nécessiteux ou aux plus menacés. Cette entraide s'exerce par la collecte, la répartition des rations alimentaires et le soutien moral. Ainsi, à l'arrivée d'un convoi, je repère un homme hébété par son terrible voyage. Je lui donne le morceau de pain que je conserve précieusement pour le soir. Je ne sais pas alors que ce déporté est le révérend père Riquet. Ce résistant, connu pour sa liberté d'esprit, me retrouvera après la guerre et nous entretiendrons une profonde amitié jusqu'à sa mort en 1993, à quatre-vingt-quatorze ans.

Notre deuxième souci est l'information : le comité international capte les nouvelles par le biais de la radio clandestine, de la presse allemande ou d'autres sources extérieures. Cela nous permet par exemple de suivre l'évolution des combats sur le front de l'Est, d'apprendre le débarquement tant espéré des Alliés en Normandie et de comprendre que le mythe de l'invincibilité du IIIe Reich est en train de s'écrouler.

Enfin, troisième priorité : le sabotage. Il est assuré par tous les moyens et dans tous les domaines où les déportés servent de main-d'œuvre à l'industrie allemande, notamment la production du matériel de guerre.

Au début de l'année 1945, est créée une structure encore plus secrète, dont je ne fais pas partie. C'est l'AMI (Appareil militaire international) qui rassemble, peu après sa constitution, près d'un millier d'engagés volontaires prêts au combat armé. L'AMI dispose d'un armement très modeste, mais diversifié, récupéré je ne sais comment. Il est capable, si les circonstances l'exigent, d'intervenir instantanément et d'ouvrir une brèche dans le dispositif de gardiennage.

La « famille » dont je m'occupe réunit cinq jeunes communistes et gaullistes originaires de différentes régions de France, tous arrêtés pour acte de résistance, à l'exception d'un seul. Ce dernier a été pris en otage lors d'une rafle, en représailles à l'attaque d'un maquis contre l'occupant. Cette diversité d'origine, de sensibilité et d'engagement n'altère en rien la fraternité qui nous unit. Notre détermination à mener à bien notre combat est totale, renforcée par la farouche volonté de revoir nos familles dans une France libérée.

Parfois, le dimanche, nous vivons des moments moins pénibles – pour ne pas dire agréables. Outre l'appel du matin et celui du soir, nous bénéficions de plusieurs heures de tranquillité et nous déplaçons à notre gré dans le camp. C'est l'occasion de rencontres, d'échanges, de blagues. Les fumeurs qui ont pu troquer un bout de pain contre deux ou trois cigarettes savourent le plaisir de fumer collectivement, assis en rond, chacun avalant sa « goulée ». Dans ces circonstances, tous les sujets peuvent être abordés, à l'exception de notre engagement clandestin dans l'organisation de résistance. Là encore, la plus extrême prudence est de rigueur.

Lors de ces concertations fraternelles, une question est posée de façon récurrente : de quel plat nous délecterons-nous à notre retour ? Nous partons en tournée gastronomique, évoquant avec appétit les spécialités régionales de la délicieuse cuisine française et les accompagnant des vins les plus succulents. Notre faim n'est pas apaisée, mais notre moral y trouve son compte. L'optimisme nous gagne.

C'est au cours d'un de ces dimanches que j'écope d'un mémorable marron en pleine figure. Un SS au comportement intolérable sillonne l'AppelPlatz. Cigarette au bec, il propose à des détenus de leur céder son mégot. L'un d'eux s'approche, main tendue. Le SS y fait tomber sa cendre en le toisant, laissant échapper un rire sardonique. Ce spectacle lamentable me révolte. Je suis choqué par l'attitude odieuse du SS, mais aussi par l'humiliation que s'infligent les quémandeurs.

Ce sinistre individu se dirige droit sur moi, dans le but évident de m'obliger à m'écarter sur son passage. Je continue mon chemin. Je sens que je ne pourrai éviter une agression de sa part ; un violent coup de poing me fait rouler à terre. Cette attitude me vaut la vive réprobation de mes camarades, témoins de la scène. Cela ne sert à rien, disent-ils. Ils n'ont pas tort. Cependant, je ne regrette pas d'avoir payé d'un coup de poing un peu de dignité, et d'avoir défié l'humiliation de mes codétenus.

Les dimanches ne sont pas toujours calmes. Les SS sont cruels par vocation et ils choisissent ce jour pour procéder aux pendaisons. Les condamnés sont accusés de tentative d'évasion, de sabotage, de vols, d'acte grave d'indiscipline ou de tout autre fait relevant de leur seul jugement. Cette répression dominicale, en présence de tous les détenus, se veut impressionnante, afin d'entretenir la terreur et la soumission.

Jamais à court d'imagination lorsqu'il s'agit de perpétrer des atrocités, les nazis de Mauthausen ont par exemple créé la *Strafkompanie*. Le sinistre escalier de la carrière leur a-t-il donné l'idée de ce *kommando* disciplinaire spécial, encadré de kapos sanguinaires, de SS et de chiens féroces ? Sa fonction : faire endosser aux déportés une sorte de harnais, sur lequel est fixée une charge de granit d'une quarantaine de kilos. Les malheureux doivent transporter leur lourd fardeau au pas de course, de la carrière jusqu'à la forteresse. Durant ce trajet, les coups pleuvent et les détenus courent, parfois jusqu'à ce que mort s'ensuive. La nuit, les survivants sont enchaînés à un mur, comme des bêtes, sans nourriture ni boisson.

Leur calvaire recommence très tôt le lendemain matin et se prolonge jusqu'au soir. Souvent, lors du passage du sommet de la falaise, les plus faibles sont bousculés ou agressés par un chien. Ils finissent par s'écraser 60 mètres plus bas, sur les tas de granit de la carrière. Cette torture criminelle peut durer plusieurs jours, selon la capacité de résistance des victimes. Ces dernières survivent rarement plus de trois ou quatre jours. Je me souviens de pilotes de bombardiers américains, abattus par la DCA (Défense contre aéronefs) et faits prisonniers de guerre par les SS, qui ont été exterminés de cette manière. Je n'oublierai jamais la souffrance endurée par celui qui fut attaché par un collier métallique, comme un chien enragé. Il se trouvait près de la porte d'entrée du camp, afin que tous les déportés assistent à son épuisement et à son agonie…

Dans ce climat sinistre, l'été touche à sa fin. L'automne semble porteur d'espoir. La nouvelle de la libération de Paris par les résistants parisiens eux-mêmes a fait vibrer notre fibre patriotique. L'avancée rapide de l'Armée rouge sonne la défaite hitlérienne. Les SS ressentent-ils le déclin du nazisme et la fin de leur domination ? Il est difficile de le savoir, tant persistent leur haine et leur cruauté. En témoigne l'état pitoyable dans lequel arrivent, à Mauthausen, les déportés des convois des camps de l'Est et de l'Ouest évacués sous la pression des armées alliées. Nombre de ces hommes n'ont pas supporté les conditions inhumaines de leur transport. Leurs corps ont été abandonnés en cours de route, une balle dans la nuque.

En revanche, les kapos, qui se sont jusque-là distingués par leur acharnement à martyriser les détenus placés sous leur responsabilité, semblent adopter une attitude moins violente. Le remplacement progressif des « kapos verts de droit commun » par des « rouges politiques » peut fournir une explication à ce changement. Mais cet apaisement vient aussi de ce que le recul général de la Wehrmacht sur tous les fronts est connu de chacun. Cette série d'événements annonce le moment où les barbares devront rendre des comptes.

L'atténuation de la brutalité habituelle de nos gardes-chiourme facilite notre action de résistance. Nous travaillons le moins possible, sans courir trop de risques. Par ailleurs, l'accession des nôtres à des postes bien placés, aux cuisines par exemple, nous permet de récupérer une part de ce que la mafia des truands privilégiés détourne à son profit. Nous accroissons ainsi notre capacité d'assistance aux plus fragiles.

Vers la fin du mois d'octobre 1944, je suis rattrapé par l'adversité. Je ressens une forte fièvre, des maux de tête, une difficulté respiratoire. Un camarade médecin procède au diagnostic : pleurésie. Ma condition physique m'interdit le dur travail de la carrière, mais si j'apparais déficient, je cours le risque d'être jugé improductif, exclu du *kommando* de la carrière et expédié au *Revier*, le camp des malades d'où personne ne revient jamais, dit-on. Mes camarades décident de me garder parmi eux. Me laisser partir serait trop dangereux. Il s'agit alors de dissimuler mon état. Je continue à descendre et à remonter l'escalier de la carrière, en me plaçant au milieu de la colonne pour ne pas attirer l'attention des SS. On s'arrange pour m'éviter un travail trop pénible, et les copains de l'infirmerie nous procurent des médicaments qui calment ma fièvre. À la carrière, une sorte de cachette constituée de blocs de granit est aménagée. Je m'y réfugie le plus souvent possible.

Cette méthode fonctionne quatre jours, mais la fièvre persiste et l'essoufflement se fait plus dense, surtout lorsque je gravis l'escalier. Mon affaiblissement est de plus en plus visible ; le transfert au *Revier* paraît inévitable. J'y pénètre début novembre, alors que le climat de l'hiver succède à celui de l'automne.

L'antichambre de la mort

Notre groupe d'« improductifs » est reçu au *Revier* par une équipe de détenus faisant office d'infirmiers. Nous sommes affectés au block 8, où s'entassent six à sept cents malades. L'atmosphère y est imprégnée de moiteur. Il y règne une odeur putride et nauséabonde qui contraste de manière saisissante avec l'air pur et frais de l'extérieur. L'un des infirmiers, marqué du triangle bleu des républicains espagnols, me fait signe de le suivre. Il me conduit au fond du block. Dans une pièce isolée, un homme vêtu de blanc me salue et me dit : « Je suis médecin déporté, antifasciste italien. L'organisation m'a prévenu de ton transfert ici. Nous allons faire de notre mieux, avec les faibles moyens dont nous disposons, sinon pour te guérir, au moins pour te permettre de revenir au camp en meilleur état. Le camarade infirmier espagnol est au courant. Il s'occupera de toi. Tu peux lui faire confiance. »

Je viens d'entrer dans l'antichambre de la mort, le moral en berne, mais ces quelques mots me rassérènent immédiatement. Peut-être vais-je encore réussir à échapper au pire ? L'infirmer me conduit à mon châlit, dans un coin du block où plusieurs places sont vacantes. « Tant qu'il y aura des châlits disponibles, tu pourras dormir seul », m'explique-t-il. Peu après, il m'apporte un gros morceau de pain, deux cubes de margarine, un verre d'eau sucrée et un cachet d'aspirine.

« Les rations alimentaires des malades ne sont-elles pas réduites de moitié ?, m'étonné-je.

— Si ! Mais ici, les rations sont distribuées en fonction des effectifs. En déclarant les décès avec trois ou quatre jours de retard, nous récupérons plus de nourriture, ce qui nous permet de mieux alimenter les malades susceptibles de survivre. »

Ma première nuit au block 8 est marquée par une chasse aux innombrables punaises qui infestent ma paillasse. Durant les deux mois que je passerai au *Revier*, je ne parviendrai pas à m'en débarrasser. Je ne parle même pas des poux et autres vermines logées dans la nourriture... Les verres d'eau sucrée qui accompagnent quotidiennement mes deux cachets d'aspirine, l'alimentation légèrement améliorée et l'absence de travail produisent rapidement leurs effets. La fièvre tombe, je respire mieux, je gagne en vitalité.

Je passe alors une partie de mon temps libre à aider les infirmiers et à rendre visite aux malades français (ou qui comprennent notre langue). Cette expérience est psychiquement éprouvante. Je rencontre des malades atteints d'œdème, de gale, du typhus, de tuberculose et de toutes sortes de pathologies dermatologiques, dont les ravages sont d'autant plus rapides que l'hygiène est inexistante. Notre seul block enregistre une douzaine de morts par jour. Empilés tête-bêche devant la porte d'entrée, ils attendent la charrette qui, une fois chargée et tirée par des déportés, les conduit aux fours crématoires. En cette fin novembre, la mortalité du *Revier* s'aggrave sensiblement. Les allers et retours du véhicule mortuaire ne suffisent plus au transfert de tant de cadavres. Heureusement, la neige et le gel retardent la putréfaction des corps.

La mort est omniprésente et ne nous impressionne plus, sauf lorsqu'elle enlève un ami proche. Je suis témoin d'une scène hallucinante, qui montre combien la mort s'est banalisée. J'ai longtemps hésité à évoquer cet épisode, craignant d'être suspecté d'exagération ou de diabolisation outrancière de la barbarie nazie. Un jour, deux détenus passent devant nous, le visage et les mains ensanglantés. Ils sont encadrés par des infirmiers qui les poussent vers le fond du block.

« Que se passe-t-il ? demandons-nous.

— Ils ont été surpris en train de prélever le foie d'un cadavre pour s'en nourrir, répond l'un des infirmiers.

— Où les emmenez-vous ?

— Ils vont être piqués au pétrole, ce n'est pas la première fois que cela se produit. »

Au camp, la faim est le signe d'une longue sous-alimentation. Nous sommes loin de recevoir le minimum de protéines, de vitamines et de calories indispensables à la survie et à l'équilibre des fonctions cérébrales. La faim, lancinante et obsédante, a donc rendu ces hommes fous. Ils vont périr d'être restés trop longtemps affamés…

Comme tous les survivants de l'enfer concentrationnaire nazi, il m'arrive encore, plus de soixante ans après, de faire un cauchemar et de me retrouver à Mauthausen. L'horreur de ce que j'ai vécu, deux mois durant, dans ce maudit *Revier* refait presque toujours surface. C'est dire à quel point mon esprit a été traumatisé par cette foule de moribonds aux corps décharnés, d'individus figés par les souffrances physiques et mentales qui les ont lentement conduits à la mort. Les yeux dans le vide, ils croisent parfois mon regard et semblent alors exprimer, en un éclair, l'envie de vivre encore un peu. Dans cet environnement morbide, lourd de tant d'atrocités, où la mort semble inévitable, j'en arrive un jour à me demander si la chambre à gaz, la piqûre létale ou la balle dans la nuque ne seraient pas préférables à cette extermination lente, à cet avilissement total et fatal de l'être humain.

Ce moment de désespoir se dissipe rapidement. L'amour de la vie et l'ardente volonté de lutter pour sortir de cet horrible enfer reprennent aussitôt le dessus. D'autant que le jour est venu : mon médecin italien, à qui je dois beaucoup, m'annonce que mon retour au camp est imminent. Ce besoin de résister, encore et toujours, a vaincu l'horreur. « Le secrétariat général du camp a accepté une proposition de l'organisation », m'apprend le médecin. Je suis inscrit sur la liste des professionnels de la métallurgie affectés à l'atelier d'aviation nouvellement installé au bout de la carrière. « Il reste un problème à résoudre, me dit-il. Tu dois rentrer au camp clandestinement. Tout doit se passer comme si tu n'étais jamais allé au *Revier*. La meilleure solution est de repartir avec le *kommando* chargé de transporter les cadavres du *Revier* au crématoire. »

Ainsi, par une belle matinée du début de janvier 1945, je prends place sur la charrette des croque-morts. Une belle matinée, c'est vite dit.

Pour le *kommando* de la mort, elle est affreuse. On peut s'interroger sur le mode de transport des morts du *Revier* au crématoire. Ne serait-il pas plus rationnel d'utiliser un engin motorisé, plus rapide et moins barbare ? C'est oublier que les SS préfèrent la cruauté, génératrice de terreur et d'avilissement.

Habituellement, ce corbillard atypique transporte une vingtaine de corps, ou plus exactement de quasi-squelettes. En ces temps de forte mortalité, les kapos qui encadrent l'équipe exigent un chargement supérieur. Le trajet s'effectue sur un chemin pierreux et pentu. De nombreux cahots provoquent la chute de cadavres, qui doivent être prestement remontés. Le convoi, poussé par les uns et tiré par les autres, ne s'arrête pas ! Dans ces conditions, il nous faut une bonne demi-heure pour parcourir les 300 ou 500 mètres qui séparent le *Revier* du bunker où se trouvent les fours crématoires. Le déchargement se fait à la va-vite. Saisis par les pieds et par les mains, les corps sont jetés les uns sur les autres à l'entrée du bunker, comme de vulgaires sacs-poubelle. Ils s'affaissent, tels des pantins désarticulés.

Malheureusement, je ne suis guère au bout de mes surprises. J'ai entendu dire que la fonction des préposés à la crémation suscitait, étrangement, beaucoup de convoitise parmi les droits communs. J'en comprends vite la raison. Sans se préoccuper d'éventuels jugements, lesdits préposés observent la dentition des cadavres, à la recherche de prothèses dentaires en métal précieux. Aucune fiction, aucun film d'horreur ne serait capable de reproduire la noirceur d'une telle scène. Ce jour-là, la barbarie de l'univers concentrationnaire nazi me paraît à son comble.

Alors que la charrette repart, un camarade de ma connaissance s'approche et m'engage à le suivre. Il m'explique la situation : « Salut ! Je vois que tout s'est passé comme prévu. Tu retournes ce soir au block 15, où tu retrouveras tes copains. Ils sont informés de ton retour. Pour le chef du block, tu es sorti normalement du *Revier* et tu es intégré par le secrétariat général du camp dans le *kommando* du nouvel atelier. Là-bas, tu rencontreras un camarade russe, Iouri. Il est chargé du contrôle de la production. Il te fera part de nos projets. Nous aurons plus de temps dimanche prochain pour parler de tout cela. »

Les retrouvailles avec mes copains français – auxquels se sont associés des jeunes de diverses nationalités qui m'ont surnommé « Rigi » (un mot russe désignant les cheveux roux) – sont doublement joyeuses : « Ton retour prouve qu'il est possible de survivre au maudit *Revier*, disent-ils. Et nous allons vivre ensemble une nouvelle "expérience". Pour le moment, nous en savons peu sur nos futures conditions de travail. Quoi qu'il en soit, elles ne pourront pas être pires que celles du bagne de la carrière. »

Peu avant le couvre-feu, François, âgé d'une cinquantaine d'années, vient me saluer. Ce Catalan d'Espagne porte un triangle rouge, qui indique qu'il a été arrêté en France en tant que résistant. Il vivait dans notre pays et a donc adopté un prénom français. Il a fait de son mieux pour me remonter le moral avant mon départ au *Revier*. Heureux de me voir en meilleure santé, il m'informe de ce qui m'attend : « Tu dois encore reprendre des forces pour faire face à ton nouveau travail. Nous avons dérobé en cuisine une trentaine de morceaux de sucre. Tu en prendras un par jour. Comme tu pourrais être tenté de les avaler d'un coup, je les garde pour t'en donner un chaque matin, pendant un mois. » Ce petit morceau de sucre, absorbé quotidiennement, agit comme un puissant dopant physique et moral. C'est dire à quel point l'affaiblissement consécutif à la pauvreté de notre alimentation nous a diminués. Je pense souvent, non sans émotion, à mon cher camarade François, gardien de ce précieux trésor, et à la générosité dont il a dû faire preuve, un mois durant, pour me fournir la dose prescrite de fortifiant.

Sabotage au Rüstung !

Notre nouveau *kommando* est composé d'une cinquantaine de détenus plutôt jeunes et de différentes nationalités : française, russe, yougoslave, italienne. Il est encadré de plusieurs kapos, tous des Allemands de droit commun placés sous la surveillance des SS et de leurs chiens.

Après l'appel général, nous sommes les derniers à franchir la porte de la forteresse. Il fait froid, mais la marche au pas de gymnastique et au grand air est vivifiante. Un climat serein semble régner. Nous venons de quitter la carrière pour intégrer un lieu nouveau et assurer un travail moins pénible. L'ambiance générale est donc à l'optimisme. Pour atteindre notre lieu de labeur, nous devons emprunter le sinistre escalier et traverser la carrière. Tout se passe dans le calme, sans violence, sans incident. Le fait que nous soyons affectés à la fabrication de matériel de guerre nous vaudra-t-il un peu plus de respect, un peu moins de maltraitance ? Nous verrons bien ! Nous suivons un sentier caillouteux, bordé de végétation et de résineux. Cet environnement contraste avec l'aspect désertique de la carrière, les amas de granit et les falaises rocheuses.

Au bout d'une bonne demi-heure, nous découvrons le grand chantier de construction du Rüstung II, où nous allons travailler. Dans le vaste hall d'un baraquement neuf en cours d'aménagement, un civil autrichien nous reçoit. Représentant l'entreprise gérant la production de cet atelier, il porte le titre d'*Obermeister* (« super-contremaître »). Son exposé est bref et lourd d'avertissements menaçants :

« En raison de votre formation professionnelle, vous avez été désignés pour servir mon entreprise, spécialisée dans la construction d'avions de chasse Messerschmitt. Le travail n'est pas très compliqué, mais il doit être de qualité. Il sera méticuleusement contrôlé. Toute indiscipline sera sanctionnée. Tout acte de sabotage, ou considéré comme tel, sera sévèrement puni. Vous travaillerez douze heures par jour, avec une coupure de trente minutes pour le repas de midi. Ce dernier, servi par notre entreprise, est meilleur que celui du camp. Votre première tâche consiste à installer les établis et les machines nécessaires à la production. Des contremaîtres civils de notre société vous indiqueront comment vous y prendre. »

Nous voilà prévenus. Notre tâche sera moins épuisante qu'à la carrière, nous mangerons un peu mieux, mais nous restons les esclaves du IIIe Reich. Notre *kommando* est scindé en plusieurs équipes. La mienne, composée essentiellement de détenus francophones, est placée sous l'autorité d'un kapo allemand prénommé Willy. Sa brutalité, lorsqu'il exerçait son pouvoir sur les forçats de la carrière, lui a valu une réputation de particulière cruauté.

Durant l'agitation liée à l'installation, une main se pose sur mon épaule. C'est un détenu russe, marqué du triangle rouge des politiques. Bien qu'il ne parle pas très bien le français, je saisis l'essentiel de son propos. « Bonjour, je m'appelle Iouri, je sais qui tu es, je dois te parler. Pour le moment, je suis occupé. Nous aurons plus de temps au moment de la soupe ! » À l'heure dite, il m'expose brièvement ses idées : « Tout d'abord, il faut bien identifier les détenus de ce *kommando* pour savoir en qui nous pouvons avoir une confiance absolue. Pas de précipitation : il s'agit d'observer attentivement tous ceux qui nous entourent, de maîtriser le mieux possible la tâche qui nous est attribuée et de réfléchir aux moyens d'agir le plus efficacement et le moins dangereusement possible. »

Iouri est un Komsomol, c'est-à-dire un membre des Jeunes communistes soviétiques. Il a été arrêté avec un bataillon de partisans alors qu'il combattait l'occupant allemand en Ukraine, peu après l'invasion de l'URSS par l'armée hitlérienne en juin 1941. Détenu en camp de concentration et en prison en Pologne, il a été déporté à Mauthausen en 1943, où il a enduré de pénibles épreuves. Il s'est trouvé naturellement engagé parmi les Soviétiques qui ont participé à l'organisation clandestine internationale du camp dès sa constitution. Ainsi, il a été désigné contrôleur de la production du Rüstung II même si, malgré ses trois ans d'études en institut technique, il n'a guère plus de connaissances que nous en aéronautique.

Informés de cette conversation avec l'ami Iouri, mes camarades français approuvent unanimement cette stratégie, tout en étant parfaitement conscients des dangers qu'elle comporte. En France, nous avons déjà pris des risques qui auraient pu nous être fatals, dès le moment où nous avons rejoint la Résistance. Tant que nos vies seront à la merci des SS, quoi que nous fassions, une épée de Damoclès restera suspendue au-dessus de nos têtes. Dès lors, autant continuer à résister en sabotant la production, plutôt que de servir la machine de guerre hitlérienne. La raison profonde de notre engagement : le combat pour la liberté. Il faut utiliser ce moyen pour le mener.

Le travail qui m'est confié est assez simple. Je dois assembler deux pièces dans un étau spécial, les percer d'une trentaine de trous de huit millimètres et les lier au moyen d'un riveteur à air comprimé. Cet assemblage permet la construction d'ailerons articulés de Messerschmitt, dont la manœuvre permet l'inclinaison ou le redressement de l'appareil en vol. Une idée de sabotage simple et efficace germe très vite dans mon esprit : en perçant des trous plus larges que le calibre prévu, les ailerons prendront tôt au tard du jeu, c'est inévitable. Iouri est d'accord pour mener cette opération, mais, par prudence, il préfère ne rien précipiter. Comme nous a prévenus l'*Obermeister*, de sérieux contrôles seront effectués sur les premières pièces. Notre intérêt : fournir d'abord un travail impeccable, puis faire des essais avec des forets de neuf ou de dix millimètres.

En attendant de passer à l'acte, nous faisons traîner notre apprentissage en longueur. Le grand nombre de forets brisés accidentellement provoque la colère de l'*Obermeister*. Il s'en prend à moi et me reproche de me rendre trop souvent aux toilettes pour retarder volontairement la production. Telle n'est pourtant pas mon intention. En réalité, j'ai contracté au *Revier* une dysenterie qui s'aggrave de jour en jour. À Mauthausen, chacun sait à quel point cette maladie est redoutable. Sur les conseils d'un camarade médecin, je m'efforce de boire le moins possible et, faute de remède approprié, je mange du charbon de bois, quand je peux m'en procurer. Heureusement, près de l'atelier, un espace voué à l'incinération des emballages en bois fournit à profusion ce remède antique. Je n'en connais pas les propriétés, mais il s'avère efficace. Matin, midi et soir, j'en ingurgite une grande quantité. Quelques jours plus tard, je parviens à rééquilibrer mon transit intestinal, à mon grand soulagement. Je ne suis cependant pas au bout de mes émotions…

Peu de temps après, je frôle de nouveau la catastrophe. Non loin du chemin conduisant au Rüstung II, coule une source où, l'après-midi, nous puisons à tour de rôle deux gamelles d'une excellente eau, fraîche et pure. Ce jour-là, alors que je finis de remplir le second récipient, j'aperçois, sur le chemin, le SS à la cigarette, celui-là même qui m'a frappé sur la place d'appel parce que j'avais refusé de m'écarter sur son passage. Il m'est impossible de regagner mon poste de travail sans le croiser. À la simple idée qu'il sorte son arme ou lâche son chien, je suis tétanisé. C'est alors que Willy, notre kapo, intervient. Ayant observé la scène, il me saisit par le bras, m'insulte grossièrement, m'envoie un violent coup de poing en plein nez. Le sang se met à couler et, aussitôt, il m'en barbouille le visage. Le SS ne bronche pas et ne dit mot. Il approuve même d'un signe de tête cette marque de zèle, avant de poursuivre tranquillement sa route, tapotant sa botte de sa cravache tout en parlant gentiment à son chien.

Tout le personnel de l'atelier a été témoin de cette scène brève et lourde de suspense. Elle provoque une vive émotion qui se retourne contre Willy :

« Tu n'aurais pas dû taper Rigi, lui est-il reproché.

— Si je ne l'avais pas fait, le pire pouvait lui arriver », explique-t-il.

Il a sûrement raison ! Une fois de plus, je viens d'échapper à un sort malheureux. Aujourd'hui, bien que je ne sois pas croyant, je pense qu'une sorte d'ange gardien m'a protégé durant toutes ces épreuves. « Serait-ce un camarade céleste ? », m'a suggéré quelqu'un alors que je rédigeais ce livre, non sans humour. « Plutôt un ange rouge », ai-je répliqué avec amusement.

Bref, la réaction étonnante de Willy, l'un des kapos les plus cruels, tend à accréditer la thèse de Iouri. Peut-être une once de sensibilité humaine s'est-elle éveillée en lui ? Ou bien les remords le tenaillent-ils et exacerbent-ils sa crainte d'avoir bientôt à rendre compte des atrocités dont il a été coupable ou complice ?

En ce début de février 1945, les informations transmises par le système d'écoute de l'organisation clandestine sur l'avance des armées alliées, à l'Est comme à l'Ouest, stimulent notre espérance de libération prochaine. Aussi considérons-nous nos actes de sabotage comme une contribution directe aux coups portés à l'ennemi. La prudence reste cependant de mise, d'autant qu'une rumeur circule : un contrôle de notre production a révélé de sérieux défauts de fabrication. Heureusement, l'enquête a dû être interrompue. En effet, les caisses de matériel, entreposées à la gare avant leur acheminement vers l'usine de montage, ont été détruites par un bombardement de la Royal Air Force. Mauthausen est d'ailleurs bombardé une seconde fois, en plein camp, et de nombreux détenus trouvent la mort.

Notre détermination à mener à bien ces actes de sabotage a des racines très profondes : il faut mesurer combien il est douloureux et révoltant d'être dominé, méprisé, humilié, voire martyrisé sans pouvoir se révolter. L'insupportable souffrance qui en résulte plonge nombre de déportés dans le désespoir. Pour en finir, certains préfèrent se jeter sur les barbelés et mourir électrocutés. Voilà pourquoi, lorsque se présente cette possibilité concrète de réagir à la barbarie en contribuant à saper le potentiel militaire de l'Allemagne nazie, l'adhésion de notre groupe de jeunes résistants français est unanime.

Je prends, pour ma part, un réel plaisir à percer à dix millimètres tout en rivant à huit. Après un an de détention, de souffrances physiques et mentales, j'attaque nos bourreaux en détériorant les outils de leur odieuse guerre. En rêve, je vois des ailerons se bloquer en plein combat aérien et des Messerschmitt s'écraser au sol sur les fronts de l'Est et de l'Ouest. Je perçois la rage qui gagne les élites de l'armée du Führer. Certes, ma vie reste à la merci des SS, mais je continue à leur résister. Je sais qu'ils sont presque vaincus et que nos espoirs d'échapper à l'extermination se précisent. Résister, encore et toujours...

Résister à l'inévitable

Les convois de déportés en provenance de camps situés en zones déjà libérées continuent d'affluer à Mauthausen, dans des conditions de plus en plus horribles. Beaucoup de passagers meurent durant le transport (qui se fait à pied, en camion, et surtout en train). Les survivants sont à demi morts ; ils gravissent le sentier qui mène au camp, mais beaucoup tombent en chemin. Les crématoires ne cessent plus de fonctionner. Les cadavres s'amoncellent. Il faudra les ensevelir par milliers dans des fosses communes. Cette situation, qui signe la proche défaite du nazisme, crée un climat ambigu. Les détenus souffrent cruellement, mais ils entrevoient l'issue qui les libérera peut-être. Les kapos semblent pris d'effroi. Les SS fulminent et se montrent de plus en plus dangereux.

Une heureuse surprise vient égayer cette sombre ambiance. Dans l'un des convois arrivés de Ravensbrück, se trouvent mes copines de l'imprimerie Lion. Je n'avais eu aucune nouvelle d'elles depuis notre séparation, à la prison Saint-Michel de Toulouse. Je me débrouille pour récupérer dix cigarettes, j'achète une boule de pain et je leur donne ces présents à travers la clôture grillagée qui nous sépare. L'une d'elles me dira plus tard : « Nous ne pouvions espérer meilleur cadeau de bienvenue à Mauthausen. »

En ce début de février 1945, un autre événement se produit, d'une extraordinaire résonance dans tout le camp : les détenus du block 20 s'évadent, à la stupeur générale ! Situé juste derrière le nôtre, ce block est séparé du camp libre par un haut mur de pierre et des barbelés électrifiés. Il est occupé par un millier de prisonniers de guerre, essentiellement des officiers de l'Armée rouge. Chaque soir, et même la nuit, nous entendons des hurlements de SS, des plaintes de détenus, des aboiements et parfois des coups de feu. Ces prisonniers totalement isolés subissent de dures brimades et sont manifestement condamnés à une extermination lente et atroce.

Dans la nuit du 2 au 3 février, ceux que les brutalités et la famine ont le moins éprouvés entassent la neige qui a été ratissée autour de leur block. Celle-ci forme un monticule compact, rasant le mur et faisant face au mirador le plus proche. Les détenus éliminent le chef de block et ses féroces sbires et s'emparent des extincteurs. Munis de couvertures, ils escaladent le mur et les barbelés électrifiés. Ils aveuglent le SS en faction dans le mirador en déchargeant les extincteurs et récupèrent sa mitrailleuse, couvrant ainsi le passage des quelque quatre cents hommes ayant réussi l'épreuve d'escalade. Pris au dépourvu, les SS massacrent tous ceux qui, faute de temps ou de force, n'ont pu s'enfuir. Ils entreprennent également une impitoyable chasse à l'homme. La population locale, y compris les enfants, est appelée à y participer. Les corps des évadés qui n'ont pu échapper à cette traque mortelle sont ramenés au camp, vers les crématoires. Ils sont ostensiblement traînés par terre, pour l'exemple. Seulement dix prisonniers recouvriront la liberté, comme nous l'apprendrons plus tard.

Cette mémorable évasion collective renforce le moral de tous les déportés, malgré le déchaînement de haine des SS qui s'ensuit. Les détenus du block 20, pourtant placés sous surveillance spéciale, viennent de prouver que l'on peut s'enfuir de Mauthausen. L'esprit de lutte et la volonté de survie s'en trouvent une nouvelle fois fortement stimulés.

Après la conférence de Yalta, qui s'est tenue en Crimée le 11 février 1945 et au cours de laquelle Staline, Roosevelt et Churchill se sont concertés sur la stratégie à adopter pour mettre rapidement fin au conflit, les bruits les plus divers et les plus contradictoires circulent dans les camps. Certaines de ces rumeurs tendent à créer un optimisme excessif quant à la précipitation des événements et à la perspective de défaite de l'Allemagne nazie.

L'une d'elles se fait plus intense : les kapos allemands les plus haut placés dans la hiérarchie répressive interne du camp pourraient être incorporés dans les SS. Ils seraient alors expédiés sur le front de l'Est, après avoir été amnistiés des crimes pour lesquels ils ont été condamnés. De fait, cette rumeur se confirme. Un dimanche matin, une vingtaine de ces bandits, vêtus de la tenue de SS (non pas vert-de-gris mais kaki), se tiennent prêts à partir pour servir de chair à canon et affronter le déferlement de l'Armée rouge. Leur mine atterrée montre à l'évidence qu'ils n'apprécient guère l'honneur qui leur est fait de rejoindre les rangs de l'élite militaire de la barbarie nazie. Leur terreur face à ce qui les attend sur le front de l'Est est visible.

Par le système clandestin d'information de l'organisation de résistance – laquelle dispose de sources de plus en plus précises grâce aux nouveaux arrivants recrutés –, nous apprenons que, sur le front de l'Ouest, les armées alliées ont traversé le Rhin et encerclent la Ruhr. Au même moment, l'Armée rouge, confrontée à une résistance acharnée des forces hitlériennes, a franchi l'Oder et la Vistule et s'approche de Berlin. Ce repli général de l'ennemi s'accompagne d'une accélération de l'évacuation des camps situés dans les zones libérées de l'Ouest et de l'Est. Par exemple, l'arrivée, en février, d'un grand nombre de juifs hongrois, dont beaucoup ont péri en cours de route, nous bouleverse. Les conditions de leur transfert à Mauthausen sont si horribles qu'elles se passent de description… Ces méthodes expéditives donnent l'impression d'une certaine précipitation désordonnée, révélatrice d'une situation gravement compromise. Elles restent toutefois fidèles au comportement de nos geôliers.

Je me suis d'ailleurs souvent demandé, à propos de la barbarie nazie, comment des êtres humains apparemment normaux, exempts de démence meurtrière ou d'hérédité criminelle, avaient pu prendre plaisir à faire souffrir leurs semblables jusqu'à ce que mort s'ensuive. Comment une telle perversion a-t-elle pu devenir la pratique officielle d'une nation civilisée ? D'aucuns ont répondu à ces interrogations : « Les SS n'étaient pas des hommes, c'étaient des monstres. » Je ne partage pas cette appréciation, car elle me semble faire abstraction de l'essentiel. Les SS n'étaient pas issus d'une espèce humaine dénaturée. Il s'agissait d'hommes ayant un père et une mère, une famille, voire des enfants, des êtres chers. La cruauté dont ils ont fait preuve dans les camps de la mort ou en assassinant odieusement les martyrs d'Oradour-sur-Glane n'était pas innée.

Elle trouve son origine dans *Mein Kampf* (« Mon combat ») d'Hitler, livre qui prône la discrimination « raciale » en exaltant la supériorité aryenne, celle de « seigneurs » ayant la divine mission d'épurer le genre humain de ses parasites. Pour les adeptes du Führer et de ses théories, cette épuration ne relevait pas de la répression, mais bien de l'accomplissement d'un devoir sacré. Le *Gott mit uns* (« Dieu avec nous ») qui ornait les boucles de ceinture des SS n'est-il pas à cet égard on ne peut plus significatif ?

Il est bien connu que toute domination par la force peut engendrer les pires violations des droits de l'homme. En ce qui concerne l'idéologie nazie, le culte de la supériorité raciale était inculqué aux enfants dès leur plus jeune âge. Garçons et filles étaient ainsi instruits à l'école d'une impérieuse nécessité : celle de détruire tout ce qui était considéré comme inférieur et nuisible. Imaginez un Allemand qui, ayant sept ans en 1933, subit la propagande orchestrée par Goebbels. En 1944, pétri d'idéologie nazie, il se trouve mûr pour la guerre. Tout cela n'a-t-il pas été à l'origine de la violence, de la haine, et du fanatisme criminel dont l'Europe a tant souffert durant la Seconde Guerre mondiale ?

Pour illustrer cette thèse, je prendrai un exemple. En 1986 ou 1987, j'ai rencontré les parents d'amis allemands pacifistes, au domicile de ces derniers. Douloureusement éprouvés par les deuils de la guerre, ils n'avaient jamais pu se pardonner d'avoir fait confiance à Hitler. « En 1933, nous ne pouvions vraiment pas imaginer dans quelle horreur l'hitlérisme allait faire sombrer l'Allemagne », avouaient-ils. Ils étaient sincères, ce qui rendait ce moment très émouvant.

Ces remords mettent en évidence une différence de poids entre ce passé vécu par les Allemands et notre présent : contrairement à l'Allemagne des années 1930, nous savons aujourd'hui comment un vote et une élection légitimes peuvent déboucher sur une dictature aux conséquences tragiques. Nous savons aussi que tout extrémisme ou intégrisme, qu'il soit social, xénophobe, religieux ou idéologique, peut dégénérer en fanatisme et induire les pires violations des droits de l'homme, jusqu'à la barbarie. Il serait absurde de croire qu'une telle perversion ne pouvait toucher qu'un pays germanique, en l'occurrence l'Allemagne, pourtant reconnue pour ses grandes culture et civilisation. Non, le dangereux virus du fanatisme est transmissible à tous les pays de la planète, y compris le nôtre ! C'est dire à quel point la vigilance s'impose, pour prévenir toute dérive « raciste ». La diversité culturelle et le respect de l'autre restent les meilleures garanties de la démocratie et de la qualité des rapports humains.

La libération du camp : entre espoirs et stupéfaction

À Mauthausen, la situation change quelque peu. Les retombées des défaites du IIIe Reich créent une atmosphère où se mêlent vives espérances et lourdes incertitudes. Le Rüstung II continue à fonctionner tant bien que mal, même si de sérieuses perturbations dues aux impératifs militaires tendent à paralyser les livraisons du matériel et, plus encore, les expéditions de la production. Il est même question de fermer l'atelier.

Au camp, l'afflux de déportés évacués de l'Est et de l'Ouest continue d'aggraver la mortalité. Sans le gel de cette fin d'hiver, la décomposition des cadavres serait insupportable. En même temps, la rigidité de la discipline et de l'organisation des travaux forcés fléchit. La débrouillardise est de plus en plus payante, surtout lorsqu'il s'agit de satisfaire ses besoins alimentaires.

Vers la mi-avril, nous apprenons que le chef suprême des SS, Himmler, a donné l'ordre aux chefs de camp de détruire toutes les infrastructures et d'exterminer les survivants. Conformément à cet ordre criminel, la direction SS de Mauthausen envisage, paraît-il, de nous emmurer vivants dans les usines souterraines de Gusen, situées à cinq kilomètres, avant de tout faire sauter. Selon l'organisation clandestine internationale, il ne faut pas s'alarmer outre mesure. Elle décide néanmoins de consulter les détenus : « Si une telle menace se confirmait, seriez-vous prêts à vous insurger massivement contre les SS par tous les moyens en votre pouvoir ? » La réponse est unanime. Elle se résume en quelques mots : « Mieux vaut l'insurrection collective que l'extermination totale. » Pendant quelques jours, l'angoisse domine les esprits, avant de s'apaiser. Les SS ont-ils eu connaissance de notre détermination ? Ont-ils hésité ou n'ont-ils simplement pas eu le temps ou les moyens d'appliquer l'ordre d'Himmler ? Les raisons de leur inaction importent peu. Nous sommes toujours vivants et prêts à tout pour survivre.

L'attente et l'anxiété mêlée d'espoir se transforment soudain en stupéfaction. Le 21 avril, une colonne de camions blancs de la Croix-Rouge vient s'aligner devant le *Revier*. Que signifie cette extraordinaire apparition ? La réponse semble incroyable : ces camions viennent chercher les détenues françaises récemment transférées de Ravensbrück pour les ramener dans leur pays. Cette décision découle d'un accord conclu entre la Croix-Rouge internationale et certains notables nazis qui espèrent ainsi s'amender avant que ne s'effondre leur régime et que ne se profile leur condamnation.

Cette première libération est suivie, les 24 et 28 avril, d'autres rapatriements de déportés français. Je me trouve dans le troisième convoi.

Au moment du départ, chacun de nous reçoit un colis de vivres qui, à l'évidence, a été fourni par l'armée américaine. Il contient des biscuits, du chocolat, de la confiture, de la poudre de jaune d'œuf et de lait, un soda et diverses friandises. Tenaillés par la faim, mais très diminués par l'inconsistance de la soupe au rutabaga, nous ingurgitons cette nourriture sans réfléchir. Bien entendu, ce repas trop riche provoque de sérieux troubles physiologiques, notamment des crises de foie ou encore des diarrhées, malheureusement fatales à l'un de mes camarades déjà très affaibli avant le départ.

Arrivés en Suisse, nous sommes reçus dans un centre d'accueil médical. Nous avons été précédés par les deux premiers convois et les médecins savent donc à quel genre de patients ils ont affaire. Immédiatement, ils nous mettent à la diète. Mon auscultation révèle deux choses : je pèse 38 kilos (au lieu de 64 lors de mon arrestation) et ma pleurésie est en cours de cicatrisation.

En ce 1er mai de liberté, deux grandes nouvelles nous parviennent : Hitler vient de se suicider et le drapeau soviétique flotte sur le Reichstag. Le nazisme est enfin écrasé ! Quatre jours plus tard, le 5 mai 1945, Mauthausen est libéré, sans que je puisse assister à cet événement. Dès le 3 mai, les SS ont quitté le camp et ont été remplacés par des policiers autrichiens qui ne peuvent résister à l'insurrection générale. Le détachement blindé de l'armée américaine est accueilli dans un enthousiasme indescriptible. Le camp est alors pris en main par le comité international et son organisation militaire (AMI), qui capture des SS tentant de fuir par le Danube et les remet aux autorités étasuniennes.

Le 16 mai, en attente de rapatriement, les survivants de toutes nationalités prêtent solennellement le serment de poursuivre la lutte pour « l'édification d'un monde nouveau, libre et juste pour tous ». Par ce document d'une vingtaine de lignes, tous les anciens de Mauthausen s'engagent à ce que les atrocités que nous avons vécues ou dont nous avons été témoins ne se reproduisent jamais, et à ce que les peuples puissent vivre en paix et en démocratie.

Retour à Toulouse

Je suis d'abord transféré à Annemasse, où les rapatriés peuvent télégraphier à leur famille avant de rejoindre leurs destinations respectives. Je quitte cette ville le 4 mai. Le lendemain, j'arrive à Toulouse. Je saute du train en marche et me précipite vers une sortie, interdite au public. Le cœur battant d'impatience et d'émotion, je surgis enfin au milieu du hall d'accueil de la gare, où m'attendent mes parents, ma famille et mes amis.

Montés à Paris, mon père – qui y exerce ses responsabilités syndicales – et mes sœurs sont descendus pour l'occasion. Ma mère, quant à elle, est restée dans notre bonne ville. À ce moment, mon bonheur est immense. Il restera inoubliable, pour moi comme pour tous ceux qui l'ont vécu. Il s'agit bien sûr d'une joie en demi-teinte, qui ne peut effacer d'un seul coup un an de tragédie et, surtout, l'absence de ceux qui ne reviendront pas.

Leurs familles, avides de les revoir, me demandent de leurs nouvelles. Je ne peux pas leur dire la vérité ; elles l'apprendront hélas bien assez tôt. J'évoque évidemment ici mes amis de l'imprimerie Lion et Henri Lion lui-même qui, ayant perdu la raison à Mauthausen, n'a pas survécu.

J'aimerais faire une mise au point sur notre statut. Les déportés, résistants ou juifs, sont regroupés sous le terme de « rapatriés », tout comme les prisonniers de guerre et les requis du STO. Dans notre cas, ce qualificatif n'est pas adapté. Certes, nous avons été rapatriés. Seulement – et cela nous différencie des deux autres catégories –, nous sommes avant tout des « rescapés » ou des « survivants » de l'extermination à laquelle nous vouaient les nazis et dont nous portons les traces. Profondément traumatisés, tant physiquement que psychiquement, nous avons des difficultés à surmonter notre effroyable expérience.

Mon comportement reflète cet amer constat et suscite la grande anxiété de mes parents : je parle très peu, il m'arrive d'avoir le regard fixe. « Pourquoi regardes-tu dans le vide ? », me demande-t-on. En vérité, je ne regarde pas dans le vide. Je me remémore les visages que je ne reverrai plus. Je pense à certains moments d'horreur que je ne pourrai jamais oublier.

Mes proches, soucieux de m'aider à reprendre le dessus, s'abstiennent de m'interroger sur ma vie au camp. Ma mère m'a préparé un lit douillet, mais je ne parviens à m'endormir que sur la descente de lit… Mes copains s'efforcent en vain de me réintégrer au club de foot. Pour me divertir, ils réussissent à m'entraîner dans un bal de quartier.

Octobre 1945. J'inaugure une plaque en devanture de l'imprimerie Lion, en hommage aux résistants qui y furent arrêtés par la Gestapo le 4 février 1944. *(IHS-CGT)*

Le camp de Mauthausen.
À l'arrivée d'un convoi, les déportés sont regroupés dans la cour des garages avant de passer à la désinfection.
(Amicale de Mauthausen)

L'entrée principale de la forteresse de Mauthausen au lendemain de la libération du camp par les blindés américains, le 5 mai 1945. *(Amicale de Mauthausen)*

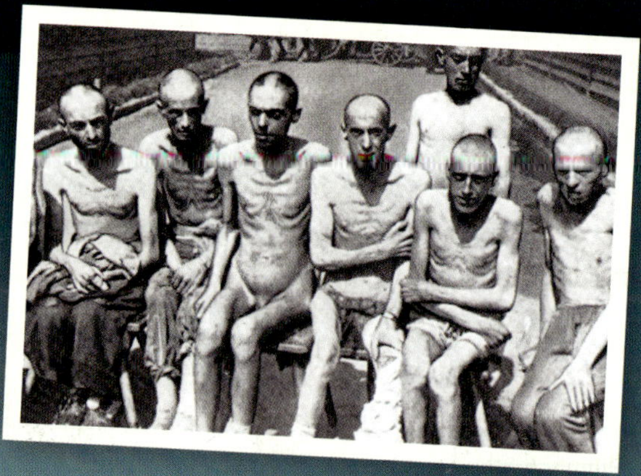

Quelques déportés du kommando de Gusen attendent de pouvoir quitter le camp.
(Amicale de Mauthausen)

Décembre 1947. J'ai vingt ans
et une carte de grève.
(IHS-CGT)

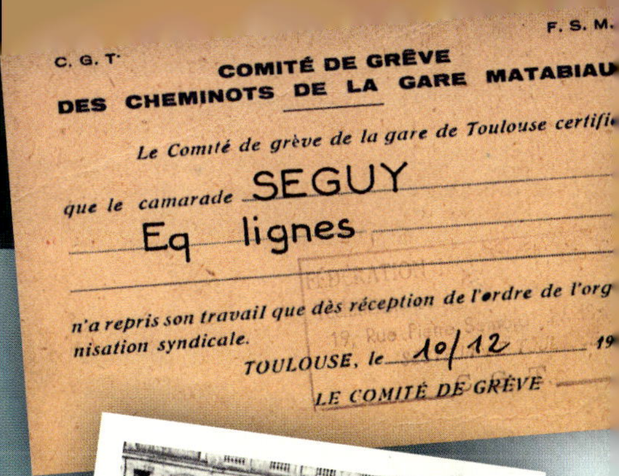

C. G. T — F. S. M.

COMITÉ DE GRÈVE
DES CHEMINOTS DE LA GARE MATABIAU

Le Comité de grève de la gare de Toulouse certifi

que le camarade SEGUY
Eq lignes

n'a repris son travail que dès réception de l'ordre de l'org
nisation syndicale.

TOULOUSE, le 10/12 *19*

LE COMITÉ DE GRÈVE

Avec Cécile,
à Toulouse,
place du Capitole,
en novembre 1948.
(coll. G. Séguy)

Avec mes enfants Michel
et Danielle, à Saint-Maur-des-Fossés, en 1957. *(coll. G. Séguy)*

En août 1957, nous passons
des vacances familiales
à Hendaye avec mes parents.
(coll. G. Séguy)

Lors du 12e congrès des syndicats soviétiques, réuni à Moscou en 1965, je représente la CGT au côté de Jean Schaeffer, assis à ma gauche. *(IHS-CGT)*

Le 24 août 1966, tandis que les bombardements américains se poursuivent sur le Nord-Viêt-nam, je suis reçu par le président Hô Chi Minh. *(IHS-CGT)*

Juin 1967. Au terme du 36e congrès de la CGT, à Nanterre, je suis élu secrétaire général de notre organisation. *(IHS-CGT)*

Lors de la manifestation unitaire du 13 mai 1968, je donne le bras à Eugène Descamps, de la CFDT, et André Berteloot. Daniel Cohn-Bendit s'est invité à l'autre bout du cordon.
(IHS-CGT)

27 mai 1968, à Billancourt. Vingt mille ouvriers ovationnent nos succès et sifflent le gouvernement et le patronat, qui ont refusé l'abrogation des ordonnances anti-Sécu.
(IHS-CGT)

Le même jour, une rencontre avec des travailleurs optimistes.
(ph. Gerald Bloncourt)

Un débat télévisé avec François Ceyrac, alors vice-président du CNPF, dans l'émission « Face à face », le 28 octobre 1970.
(IHS-CGT)

Avril 1975. À Montreuil, avec les travailleuses en grève de Grandin, dont la lutte exemplaire témoigne de l'essor du féminisme au sein du monde ouvrier.
(ph. G. Azenstarck / IHS-CGT)

22 avril 1975 : les délégations de la CGT et de la CFDT se retrouvent devant le siège du CNPF, ancêtre du Medef.
(ph. M. Smolianoff / IHS-CGT)

La manifestation unitaire du 4 octobre 1975. À ma droite, Edmond Maire, secrétaire général de la CFDT. À ma gauche, Jeanine Marest, Jean-Luc Destrem et René Buhl. *(ph. G. Azenstarck / IHS-CGT)*

Visite d'un collège d'enseignement technique en vue de la manifestation unitaire pour l'emploi des jeunes, le 23 octobre 1976. *(ph. P. Trovel / IHS-CGT)*

Le 26 mai 1981, le président François Mitterrand, nouvellement élu, reçoit en audience à l'Élysée les principaux responsables syndicaux. Henri Krasucki, qui m'accompagne, me succédera l'année suivante au secrétariat général. *(IHS-CGT)*

Le 25 novembre 1978 s'ouvre à Grenoble le 40e congrès de la CGT : audacieux, novateur et conquérant. *(coll. G. Séguy)*

Je ne peux y rester plus de cinq minutes. Les distractions, l'amusement et la gaieté me sont insupportables. L'ambiance festive qui suit la libération de la France – intervenue huit mois plus tôt – me semble traduire une inquiétante indifférence devant la barbarie à laquelle nous venons d'échapper. Je crains même que la page la plus sombre et monstrueuse de la Seconde Guerre mondiale ne soit trop vite tournée, que ne soit occultée l'horreur que viennent de découvrir les armées alliées en libérant les camps d'extermination nazis.

Je suis également surpris du nombre considérable de personnes se réclamant de la Résistance, bien plus important qu'au moment de mon arrestation. Certes, nous avons observé un phénomène de ralliement en 1943, au lendemain de la défaite allemande de Stalingrad. Nul doute que le débarquement des Alliés en Normandie a amplifié les adhésions… La certitude de la victoire stimule toujours l'envie d'y participer, nous le savons bien.

Un mois après mon retour, mon état dépressif s'atténue. L'amour de la vie et le besoin de poursuivre la lutte reprennent le dessus, d'autant plus rapidement que je suis très sollicité pour témoigner de la monstruosité des camps de la mort. Je ne me doutais pas de l'immense retentissement qu'avait eu à Toulouse notre arrestation au début de l'année 1944. Tout le monde a entendu parler de l'« affaire Lion »… Une affaire dont je suis l'un des rares rescapés, ce qui me vaut d'être interviewé par différents journaux, dont *La Voix ouvrière*, laquelle publie mes propos dans plusieurs numéros. Je suis également invité à m'exprimer au cours de nombreuses manifestations publiques : inauguration d'une plaque commémorative sur l'immeuble de l'imprimerie Lion, meeting communiste au parc des sports (aujourd'hui salle Jean-Mermoz), rassemblement populaire avec Vincent Auriol au cinéma Les Variétés de la place Wilson.

Lors d'une rencontre avec des élus municipaux, j'apprends qu'il a été proposé, bien avant mon retour, de donner mon nom à la rue où j'habite. Une intention certes louable, mais probablement envisagée dans l'hypothèse où je ne m'en serais pas tiré. Aussi j'insiste vivement pour que cette idée soit abandonnée. Je souhaite que ma rue continue à porter le nom de René Bazin, cet écrivain connu pour ses récits portant sur les vertus ancestrales.

Il me faut aussi trouver un emploi. J'accorde ma préférence à l'imprimerie, puisque j'ai suivi, durant mes deux années d'apprentissage, une formation au métier de conducteur-typographe. Malheureusement, mon médecin me déconseille ce choix. Les émanations de plomb en fusion ne sont en effet guère compatibles avec la guérison de ma pleurésie. C'est alors qu'intervient mon ami André Wurmser. Je l'ai rencontré dans la Résistance, lorsque, responsable du Front national, organisation communiste, il nous faisait imprimer son journal, *Le Patriote de Toulouse*. Il me propose, en attendant mieux, de m'occuper du service abonnement de cette publication.

Deux mois plus tard, j'accède enfin à un emploi au grand air, recommandé pour ma convalescence : j'entre à la SNCF, après avoir passé un essai professionnel d'électricien. C'est à cette même période que, lecteur fidèle du *Patriote de Toulouse*, je suis un jour frappé de stupeur en découvrant en première page du journal une photo assortie de cette légende : « Un dénommé Georges Carton, suspecté d'intelligence avec l'ennemi, a été arrêté à Marseille. » Mon sang ne fait qu'un tour. Je reconnais cet homme : c'est le traître auquel j'étais menotté lors de mon arrestation. Aussitôt, André Wurmser et moi décidons d'exiger publiquement son transfert et son jugement à Toulouse dans les plus brefs délais.

Le jour de sa comparution, je suis le seul témoin à charge de l'affaire Lion. Mes camarades femmes revenues de Ravensbrück et de Mauthausen sont encore soignées en maison de repos et ne peuvent être présentes. Après avoir répondu à diverses questions du procureur de la République, je m'adresse au tribunal pour demander, au nom de tous mes camarades morts en déportation, que le coupable soit condamné à la peine capitale. Le président me répond : « Vous êtes ici pour témoigner et non pour prononcer des sentences. Faites donc confiance à la justice de votre pays. » Accusé d'avoir dénoncé, à Toulouse et ailleurs, de nombreux patriotes résistants pour des raisons vénales, Georges Carton est condamné à mort et fusillé en août 1945.

En avril 1946, je prends mes nouvelles fonctions professionnelles au service électrique du dépôt SNCF de Toulouse. Je fais de mon mieux pour être considéré comme un cheminot ordinaire, mais mon passé récent, mon statut de rescapé de « l'affaire Lion » et mes témoignages publics sur les camps de la mort, largement médiatisés, ne me permettent guère une insertion discrète au sein du monde ferroviaire... Un monde réputé pour sa glorieuse participation à la lutte de libération nationale et au sein duquel mon patronyme est déjà bien connu, en raison du militantisme de mon père.

À cette époque, j'intègre la CGT. En 1942, au début de mon apprentissage en imprimerie, j'avais pour la première fois de ma vie adhéré à un syndicat : celui du livre de Toulouse, dirigé par des collaborateurs adeptes de la Charte du travail de Pétain. La CGT, alors dissoute, continuait son action dans l'illégalité, mais il nous était recommandé de rejoindre les syndicats officiels pour y organiser, de l'intérieur, l'opposition à cette maudite Charte du travail. J'éprouve donc une joie immense à prendre ma carte à la CGT dès mon premier jour de travail à la SNCF. En 1945, la CGT, réunifiée dans la Résistance, compte quelque cinq millions d'adhérents au plan national !

Je suis plus attiré par l'activité syndicale que par les responsabilités politiques, mais je ne sous-estime pas l'importance de la conscience citoyenne. Un jour d'élection cantonale, en septembre 1945 et peu après mon dix-huitième anniversaire, je me rends au bureau de vote avec mes amis du quartier. En tant que citoyen résistant, déporté et récemment homologué aspirant de réserve, j'exige le droit de vote, alors fixé à vingt et un ans. Après discussion, les membres du bureau et les représentants des trois partis présents (PCF, PS, Mouvement républicain populaire [MRP]) décident de valider ma requête, d'un commun accord consigné par écrit et signé par tous. Au moment du dépouillement des voix, mon bulletin est comptabilisé à la place d'un bulletin blanc, pour que le compte de suffrages soit juste !

L'influence paternelle n'est sans doute pas étrangère à mon penchant pour le syndicalisme. Je pense qu'il s'explique aussi par ma sensibilité à certaines valeurs, celles-là mêmes qui m'ont guidé durant les premiers temps de mon engagement dans la Résistance et pendant ma déportation : la lutte contre l'injustice, la solidarité, l'union et l'action commune malgré les différences, le progrès social, la liberté et la paix... Autant de grandes causes exprimées par le serment de Mauthausen et auxquelles se réfère le syndicalisme de la CGT.

Nul besoin donc de faire connaître mon *curriculum vitæ* pour qu'affluent les sollicitations d'engagement militant. Dès lors, je vais exercer différentes responsabilités, avec l'aide de militants plus âgés et plus expérimentés qui vont beaucoup m'apprendre. Entre autres, ils m'enseigneront un principe essentiel : sans un minimum de connaissance du passé, il est difficile de comprendre le présent et de discerner les meilleurs chemins pour le futur. C'est ainsi que, de mon adolescence jusqu'à ma majorité, les circonstances de la vie m'ont fait suivre une voie pleine d'épreuves, de luttes et de responsabilités. En peu de temps, j'ai acquis une expérience qui, de toute évidence, est à l'origine de mon accession, à un âge encore précoce, à d'importantes fonctions.

Quel devoir de mémoire ?

Maintenant que cette page sombre de notre histoire a été narrée, que pouvons-nous et devons-nous en retenir ? Peut-on, par exemple, prétendre que la population de Mauthausen ignorait tout de ce qui se passait à cinq kilomètres du village ? Non ! Nombre d'habitants regardèrent passer notre pitoyable défilé à l'arrivée au camp sans que personne ne bronchât lorsque quelques gamins nous lancèrent des cailloux, comme à un troupeau d'animaux malfaisants. À cette époque, il est vrai, les nazis traitaient les résistants de terroristes, et, les juifs, d'êtres nuisibles à éliminer. Mais cette justification ne suffit pas. C'est pourquoi intervient le devoir de mémoire.

En 2005, lors du soixantième anniversaire de la capitulation sans conditions de l'Allemagne nazie et de la libération des camps de la mort, les voix les plus autorisées ont insisté sur ce devoir et sur la nécessité de mieux le respecter. Cette tardive mais louable intention risque cependant de rester purement incantatoire si elle ne s'accompagne pas de décisions et de moyens permettant de la concrétiser. Nous nous trouvons au cœur d'une problématique déjà ancienne, souvent débattue et controversée, qui concerne essentiellement l'enseignement de l'histoire au sein de l'Éducation nationale. Personne ne peut s'arroger le droit de monopoliser le sens de l'histoire (concrètement le sens des manuels scolaires) et encore moins de livrer une histoire officielle.

La recherche, les archives, et surtout les témoignages parlés ou écrits sur les événements les plus récents sont autant de contributions susceptibles d'approcher au mieux la vérité. Ces sources prouvent que l'histoire, avec ses bons et ses mauvais côtés, n'est jamais écrite une fois pour toutes. Elle est en constante évolution et s'enrichit régulièrement d'éléments nouveaux qui, parfois longtemps méconnus, surgissent dans l'actualité au gré des circonstances. Mais, dans notre pays, prédomine un esprit de prestige national quelque peu entaché de nationalisme. L'impartialité, qui devrait être le support de l'éthique en matière d'histoire, en souffre inévitablement. En conséquence, ce qui fut condamnable n'est pas – ou peu – reconnu. À l'inverse, ce qui est tenu pour méritoire fait l'objet d'une apologie excessive.

Il existe de nombreux exemples montrant cette propension sélective, qui favorise le bien et cèle le mal. Je pense notamment à l'esclavage, au colonialisme, à l'affaire Dreyfus, aux soldats fusillés pour l'exemple durant la Première Guerre mondiale, au massacre de onze mille Malgaches en 1948, à la torture pendant la guerre d'Algérie, aux graves conséquences physiologiques des essais nucléaires ou encore à l'utilisation de l'amiante dans l'industrie, dont les employeurs connaissaient de longue date la dangerosité… Mais je pense surtout aux sujets qui ont plus directement rapport avec cet ouvrage, notamment les conditions qui ont permis l'instauration du pouvoir de Vichy, durant lequel la dictature nazie et son armée ont douloureusement frappé la France. Ce dernier exemple me permettra donc d'illustrer ma conception du devoir de mémoire.

Il m'arrive assez fréquemment d'être invité à des rencontres dans les lycées et les collèges, entre autres, pour évoquer mon vécu de résistant et de déporté. À en juger par la nature des questions qui me sont posées, il apparaît que les nouvelles générations s'intéressent plus qu'on ne le pense à ces moments du passé. Elles s'interrogent sur des points mal ou lapidairement traités par les manuels scolaires. Pour preuve de cet intérêt : le succès du concours annuel sur la Résistance et la déportation, organisé par l'association des déportés avec le soutien de l'État, et auquel nombre d'enseignants ont le mérite de contribuer assidûment.

Un jour, alors que je parlais de la collaboration prônée par le pouvoir de Vichy, un élève me demanda :

« Comment Pétain a-t-il pris le pouvoir ?

— Il ne l'a pas pris, lui répondis-je, il lui a été légalement remis le 10 juillet 1940 par une forte majorité de parlementaires élus en 1936 et qui, réunis à Vichy, lui ont accordé les pleins pouvoirs par vote, après avoir aboli la IIIe République. »

J'expliquai ainsi un fait historique indiscutable, absent ou à peine mentionné dans lesdits manuels scolaires. Manifestement, cet élève était désireux de comprendre comment et pourquoi la France, après avoir déclaré la guerre à l'Allemagne hitlérienne le 3 septembre 1939, avait basculé, neuf mois plus tard, dans la pire des servitudes. Il ne se contentait pas des explications fournies par de hauts personnages politiques : « Vichy, ce n'était pas la France », ou encore : « C'était un complot ourdi par un groupe d'aventuriers politiques. »

Il avait besoin de connaître la vérité pour comprendre la suite des événements, de savoir comment l'État français, dirigé par Pétain et Laval, avait gouverné la France durant cette période noire de la Seconde Guerre mondiale.

Il est d'indéniables réticences à avouer le processus légal qui a présidé à la mise en place du pouvoir vichyste. Corollaire évident : la minimisation des crimes dont ce dernier s'est rendu coupable. Ces difficultés à assumer le passé se traduisent par une amputation, et même une altération de notre histoire nationale… deux faits peu compatibles, me semble-t-il, avec le respect du devoir de mémoire.

Il a par exemple fallu attendre près d'un demi-siècle pour qu'un président de la République, Jacques Chirac en l'occurrence, admette enfin la lourde responsabilité de l'État français dans la déportation des juifs vers les camps d'extermination ! Cette reconnaissance officielle du rôle joué par le gouvernement pétainiste ne devrait-elle pas nous inciter à rendre compte avec intégrité de ce que furent ces quatre sinistres années de trahison et d'indignité nationale ?

À mon sens, nous avons suffisamment de recul pour permettre à la vérité et à la réalité de s'imposer. Il sera dès lors possible d'en faire bénéficier la mémoire collective et les nouvelles générations, qui ont tant besoin de savoir pour comprendre, tant besoin d'agir en ayant conscience d'un passé qu'il vaut mieux ne pas oublier.

Sur ce chapitre mémoriel, il a été, par exemple, reproché aux rescapés des camps de la mort d'avoir peu parlé de la barbarie nazie, lors de leur retour en France en mai 1945. À ce grief, il me semble important de répondre. Il est vrai, comme je l'ai évoqué dans mon propre cas, que nous avons retrouvé une France qui, après la Libération et la victoire, était plus désireuse de chanter et de danser que de s'apitoyer sur le drame de la déportation. Dans cette ambiance joyeuse et festive bien compréhensible, l'idée de capter l'attention de l'opinion publique afin de révéler l'horreur de l'univers concentrationnaire ne nous est même pas venue à l'esprit. Traumatisés sur les plans physique et psychique, nous n'avions aucune envie de témoigner, avec force détails, des atrocités que nous venions de traverser. Des atrocités tellement inimaginables que nous redoutions de ne pas être crus ou d'être suspectés d'exagération et de diabolisation à outrance du nazisme…

Il faut toutefois ajouter à ces considérations une vérité d'importance, trop souvent passée sous silence : ni les autorités ni les grands médias ne nous ont vraiment sollicités pour que nous exprimions publiquement notre vécu dans les camps de la mort et expliquions les raisons de notre déportation. À vrai dire, cette indifférence ne nous a pas choqués outre mesure. Après tout, nous ne nous étions pas engagés dans la Résistance pour recevoir des éloges ou susciter la compassion, mais tout simplement par devoir patriotique. Nous n'étions pas des êtres d'exception ; il était normal que la vie continue et l'emporte sur les souvenirs.

Tel était mon sentiment, jusqu'à ce que je prenne conscience qu'une autre raison motivait cette indifférence. Une raison autrement plus inquiétante. Certains personnages investis de responsabilités diverses dans la magistrature, la police, l'administration, l'information, la politique, l'économie et le social m'ont donné l'impression d'être allergiques à nos témoignages. Ils semblaient souhaiter tourner la page au plus vite, faire fi de ce qui pouvait rappeler l'honneur de la Résistance durant la guerre, et, par voie de conséquence, la honte de la collaboration. Car la plupart de ces personnalités occupaient les fonctions qu'elles avaient exercées sous Vichy. Elles appartenaient à cette frange de la société française qui s'était montrée la plus hostile au Front populaire et qui avait été plus ou moins pervertie par l'odieuse prophétie : « Plutôt Hitler que le Front populaire. » Des Français situés à l'opposé de l'hommage de François Mauriac à la classe ouvrière, puisqu'ils furent le contraire de la fidélité à la « France profanée ». Une infidélité dans laquelle les dirigeants du grand patronat et la haute hiérarchie de l'Église avaient pour l'essentiel basculé, bien que la Résistance ait compté des patrons, de nombreux chrétiens et des prêtres patriotes.

Certes, on peut comprendre qu'au lendemain de la Libération il ait été difficile, sinon impossible, de procéder à une épuration radicale. Cette purge aurait exigé de remplacer par d'authentiques résistants les plus hauts cadres de l'administration, de la magistrature, de la police, de la justice, ceux-là mêmes qui avaient prêté serment de fidélité à Pétain. Mais de là à les exonérer du zèle avec lequel certains d'entre eux ont exécuté les ordres de Vichy, notamment en matière de répression contre les résistants et de déportation des juifs (hommes, femmes, enfants, vieillards) vers les camps d'extermination, il y a une marge qu'il aurait mieux valu ne pas franchir.

On ne me fera jamais croire que le chef de l'État qui, quelques années après la Libération, fit de Papon le préfet de police de Paris et le décora de la Légion d'honneur ignorait son passé ou ne s'en souvenait plus. Cette propension à passer outre à ces quatre ans de notre histoire nationale, lourde de culpabilité pour les adeptes de la collaboration mais riche de dignité, de courage et de patriotisme pour la Résistance, est allée très loin. N'a-t-on pas envisagé de supprimer, au prétexte de réconciliation franco-allemande, la fête nationale du 8 mai célébrant la victoire sur le nazisme, lorsque M. Giscard d'Estaing était président de la République et Maurice Papon ministre du Budget ?

L'amputation définitive de ce passé n'aurait pas pour seule conséquence d'enfouir dans l'oubli la réalité de la monstruosité du nazisme et la lâche trahison de ses complices français. Elle priverait les nouvelles générations des leçons que recèle l'expérience de ces années de lutte, durant lesquelles le peuple de notre pays – et surtout sa jeunesse – a désobéi aux décisions de « l'État français » pétainiste. Au péril de leur vie et jusqu'à devenir hors la loi, des hommes et des femmes se sont insurgés contre la politique de soumission à l'ennemi.

Voilà pourquoi, par respect du devoir de mémoire, il importe de traiter au plus tôt le syndrome d'amnésie prémédité qui tend à priver l'Éducation nationale des précieux enseignements de l'épopée de la Résistance. C'est dans cet esprit que je tiens à revenir sur les grandes étapes des années de guerre, afin d'en comprendre le sens.

Lorsque, depuis Bordeaux le 17 juin 1940 et depuis Londres le 18, Charles Tillon et Charles de Gaulle lancèrent chacun leur appel à la résistance, le peuple de France, en proie à un profond désarroi, n'y prêta pas, sur le moment, une grande attention. Il est vrai que tous les moyens d'information autorisés les boycottèrent. Les premiers résistants, gaullistes et communistes, étaient rares et la répression les obligeait à une extrême vigilance. Le gouvernement pétainiste fit même condamner de Gaulle à mort. Interdit, le parti communiste vit nombre de ses militants emprisonnés. La lutte contre l'occupant et ses valets vichystes prit forme progressivement, ralliant une multitude de jeunes gens. Le débarquement allié en Afrique du Nord en novembre 1942, la lourde défaite de l'armée de von Paulus à Stalingrad en janvier 1943 et la capitulation allemande en Tunisie le 7 mai, devant les troupes franco-anglaises commandées par Leclerc et Montgomery, stimulèrent le combat. Le mythe de l'invincibilité militaire d'Hitler, déjà évoqué, s'effondra. Cessant d'être un espoir, la perspective de la victoire devint une certitude. La volonté d'en rapprocher l'heure incita de nouveaux combattants – notamment des jeunes réfractaires au STO – à rejoindre une Résistance composée de diverses organisations, dont les stratégies politiques, syndicales et militaires étaient différentes. La nécessité de rassembler toutes ces forces s'imposa rapidement et se concrétisa sous l'autorité de Jean Moulin, chargé par le général de Gaulle de les unifier au sein de la Résistance nationale intérieure civile et armée.

Prise le 17 avril 1943 par les deux principaux courants du syndicalisme, la décision de réunifier la CGT – divisée depuis 1939 et agissant dans la clandestinité – facilita grandement la tâche de Jean Moulin. Un mois plus tard, le 27 mai pour être précis, se constitua sous sa présidence le Conseil national de la Résistance (CNR), qui reconnut unanimement le général de Gaulle comme principal représentant de la France libre.

La date de naissance du CNR n'est pas fortuite. Elle précédait de vingt-quatre heures le début d'une négociation à Alger, où de Gaulle, face à Roosevelt et à Churchill, devait mettre en place, sous sa présidence, le CFLN (Comité français de libération nationale). Cette rencontre fut l'occasion d'âpres discussions, le camp anglo-américain ayant décidé d'opposer le général Giraud, ami de Pétain, au général de Gaulle. La négociation s'acheva par un compromis, une coprésidence du CFLN assurée par de Gaulle et Giraud. Elle révéla en tout cas la volonté anglo-américaine de neutraliser une Résistance française insuffisamment docile, voire dangereuse aux yeux de Roosevelt et Churchill. Quelques mois plus tard, Giraud fut éliminé. Reconnu par Roosevelt, Churchill et Staline, le général de Gaulle devint président du GPRF (Gouvernement provisoire de la République française) le 3 juin 1944.

Ce bref rappel des relations franco-anglo-américaines à la veille de la Libération met en évidence l'importance historique de la création du CNR et de ses décisions, dont l'impact fut stratégique, politique et social. D'un point de vue stratégique, l'union de toutes les forces de la Résistance intérieure accrut l'efficacité de son action civile et militaire grâce à la fusion de toutes les formes de lutte armée au sein des FFI. Au plan politique, elle rendit incontournable, pour les Alliés, l'autorité du général de Gaulle et évita du même coup que la France ne fût traitée en vaincue et en pays occupé. Au contraire, elle fut considérée comme l'une des quatre nations victorieuses. Enfin, elle eut une grande portée sociale : le contenu du programme du CNR, rendu public le 15 mars 1944, fixait à une future nouvelle République des objectifs de réformes démocratiques, économiques et de progrès social, tels les nationalisations, la Sécurité sociale, la retraite et les droits du travail. Ces avancées, concrétisées au lendemain de la Libération dans une France affaiblie par quatre années de guerre, pillée par l'occupant et appauvrie par d'énormes destructions, firent de notre pays un modèle de progrès social dans le monde entier.

Prétendre quelque soixante ans plus tard que les réformes issues du programme du CNR sont de nos jours financièrement insupportables, alors même que la France n'a jamais été aussi riche, est donc inadmissible. Si certains aménagements justifient une négociation, afin de tenir compte des bouleversements intervenus durant ces décennies, ils ne sauraient être envisagés dans le sens d'une régression sociale généralisée qui nous ramènerait soixante-cinq ans en arrière.

Pour toutes ces raisons, la naissance du CNR le 27 mai 1943 fut et demeure incontestablement un événement capital à haute valeur historique. Elle devrait logiquement figurer comme tel dans notre calendrier et être annuellement célébrée. Il est impératif de préserver notre patrimoine historique, menacé par la censure de ceux qui ne voudraient que survoler les quatre ans de Vichy et, par là même, escamoter la vérité. Ne privons pas la mémoire collective, et surtout celle de la jeunesse, de l'expérience d'un passé qui n'est pas si lointain, où l'honneur, la dignité et le courage ont fertilisé le patriotisme de notre peuple. Ne faisons pas table rase de ce passé. Sachons résister à l'injustice.

Ainsi, dans le cadre du devoir de mémoire, la décision du président de la République de faire lire aux collégiens et lycéens l'émouvante lettre de Guy Môquet, adressée par ce dernier à ses parents avant d'être fusillé par les nazis, devrait s'accompagner du bref commentaire suivant : « Guy Môquet était l'un de ces jeunes communistes résistants de la première heure. Il fut arrêté en octobre 1940 par la Police française et remis à ses assassins nazis par le gouvernement de la France, dirigé à cette époque par un maréchal félon nommé Pétain. »

Pour toutes ces raisons, je pense que le « devoir de mémoire » est indissociable de l'enseignement de l'histoire, qui est l'un des principaux aspects de la culture.

3

AU CŒUR DE LA RÉALITÉ SYNDICALE

Pendant les soixante dernières années, la France a été traversée par des événements parfois brûlants. La CGT y a souvent occupé une position de premier plan. Avec le temps et un salutaire recul, il m'est permis d'aborder ces faits, ainsi que les épisodes qui ont marqué la propre histoire de la confédération. Encore une fois, il ne s'agit pas d'un exposé historique exhaustif, mais d'un témoignage sur des moments importants dont je fus le spectateur ou l'acteur, et dont certains n'ont encore jamais été révélés.

Avant d'aborder ces pages de notre passé national, je tiens cependant à rappeler, pour avoir été personnellement confronté à ce problème après mai 1968, que les évolutions sociales, économiques, politiques et culturelles se heurtent parfois à des incompréhensions, des réticences, voire des oppositions engendrées par la routine, le traditionalisme ou le dogmatisme. Au sein du syndicalisme, dans la Résistance, en déportation et au sein du mouvement pacifiste que j'évoquerai plus loin, j'ai rencontré et partagé des responsabilités avec des hommes et des femmes de différentes sensibilités. Ils ont, tous autant qu'ils sont, contribué à me faire comprendre l'importance de la diversité des idées au service d'une cause commune.

Le rail : premiers pas dans la lutte

J'exerce donc mes premières responsabilités syndicales parmi les cheminots de Toulouse, dans un pays où le programme du CNR, conclu sans le patronat, est venu compléter sur de nombreux points les avancées du Front populaire. Ma mission est d'organiser les jeunes de la CGT. La liste traditionnelle des membres du bureau syndical ne comportant pas de « responsable à la jeunesse », je me vois attribuer la fonction d'archiviste, alors privée de titulaire depuis bien longtemps. Bientôt, je vais être confronté aux variations du climat social…

L'année 1947 est en effet fertile en tensions. Une grève, ma première, rassemble le personnel SNCF en juin. Quasi unanime et victorieuse, elle a pour objectif de préserver notre statut, notamment en matière de salaire. Ces acquis sont en effet mis en cause par Jules Moch, le ministre des Transports. En novembre et décembre, une grève générale, déclenchée par la seule CGT (qui n'a pas encore opéré la scission conduisant à la création de Force ouvrière), mobilise plus de deux millions de personnes. Le gouvernement, qui vient d'exclure les ministres communistes entrés après la Libération, la qualifie d'insurrectionnelle. Au cours de ce conflit marqué par de nombreux affrontements avec les forces de police, je suis arrêté, pris en flagrant délit de distribution de tracts à l'entrée du dépôt de Toulouse.

Transféré sans ménagement au commissariat le plus proche, je dois subir l'interrogatoire de l'un des chefs présents, qui me tance vertement. Prenant le ton du supérieur zélé, il tient à ce que le jeune homme tout juste sorti de l'adolescence que je suis respecte la discipline. Mais lorsqu'il prend connaissance de mon identité, déjà bien connue à Toulouse depuis mon retour de déportation et mes témoignages publics, il balbutie de vagues reproches, essayant tout de même de s'emparer du paquet de tracts resté en ma possession. Devant mon refus catégorique, il n'insiste pas. La nouvelle de mon arrestation s'étant rapidement répandue parmi les cheminots indignés, ma détention est de courte durée.

Sur le plan professionnel, je suis titularisé en 1948, ce qui me permet de passer du statut d'auxiliaire à celui de cadre permanent. Aussitôt, je suis nommé à la sous-station électrique de Longages, sur la ligne Toulouse-Bayonne. Je travaille douze heures par jour, de jour ou de nuit. L'isolement consécutif à cette fonction complique sérieusement l'exercice de mes activités syndicales. Bien que la direction se défende de m'avoir écarté intentionnellement du dépôt de Toulouse, nous pensons tous qu'il s'agit bel et bien d'une mesure discriminatoire.

Moins d'un mois plus tard, en mai 1949, la direction de la Fédération des cheminots m'informe que ma candidature à la fonction de secrétaire fédéral sera proposée au prochain congrès national, prévu en juin. Cette offre inattendue n'est pas sans m'étonner : je m'imagine difficilement comme dirigeant des cheminots. En outre, pour ma famille comme pour mes camarades toulousains, cette nouvelle crée un certain bouleversement et remet en cause moult projets. En 1947, j'ai en effet rencontré Cécile, orpheline de cheminot. Début 1948, nous avons décidé de nous marier en avril 1949 et de nous installer près de mon lieu de travail, à Longages. La perspective de vivre à Paris nous enchante d'autant moins que notre premier enfant doit naître à la fin du mois de décembre 1949. L'idée de décliner cette proposition nous traverse évidemment l'esprit, mais la détermination militante prend le dessus.

En octobre 1949, nous quittons Toulouse pour Paris, où, comme je l'évoquais précédemment, se trouvent déjà l'une de mes sœurs ainsi que mon père, qui réside près de la place Pigalle. L'évocation des difficultés auxquelles nous nous heurtons pour nous loger et nous meubler remplirait un chapitre entier. Mon salaire de début de carrière ne nous permet pas de résoudre les questions matérielles de façon sereine. De surcroît, la situation économique est alors difficile : les problèmes d'emploi et de pouvoir d'achat sont omniprésents. De Pigalle à la rue Lucien-Sampaix (près de la place de la République), de Saint-Maur-des-Fossés, Drancy, Nanterre à Champigny, notre périple nous conduit finalement à Montreuil, où nous réussissons à établir notre nid tout près de l'actuel siège de la CGT.

Intégré à la direction collective de la Fédération des cheminots, l'une des plus importantes de la CGT, je côtoie des militants plus âgés. Ce sont des compagnons de lutte de Pierre Semard, un éminent leader du mouvement ouvrier français, martyr de la lutte de libération nationale dont le nom reste et restera emblématique du cheminot syndicaliste et communiste. L'audace dont ces anciens ont fait preuve pour intégrer dans leur équipe un camarade de vingt-deux ans, sur proposition de l'un d'eux, m'incite à faire de mon mieux pour ne pas les décevoir. Outre mes actes de résistance, c'est la volonté de rajeunir l'équipe militante qui a contribué à mon arrivée. Je prends conscience que ma culture syndicale et politique est loin d'être à la hauteur de ma responsabilité, contrairement aux connaissances et aux réflexions de ces aînés. Si, dans la Résistance, la détermination et le courage suffisaient, je dois à présent réfléchir pour comprendre et, par conséquent, être capable de respecter les décisions du dernier congrès.

J'ai néanmoins quelques notions rudimentaires en matière de réflexion économique et sociale. Cette culture initiale est fortement imprégnée des idées de mon père et de son exemple militant. Issu d'une famille de viticulteurs de l'Aude, il avait quinze ans lorsque éclata l'historique soulèvement en Languedoc-Roussillon, en mai-juin 1907. Les « braves soldats du 17e » (titre d'une chanson à leur gloire) refusèrent de tirer sur la population en révolte parce que ces militaires étaient des enfants du pays faisant leur service militaire à Béziers. Le souvenir de cette page d'histoire est resté ancré au plus profond de la mémoire collective des hommes et des femmes de cette région. Les ouvriers agricoles qui vécurent ces inoubliables journées furent fortement influencés par les idées révolutionnaires et socialistes qui se propagèrent alors et qui, à la veille de la Première Guerre mondiale, furent l'objet de vifs débats entre les différentes tendances du mouvement ouvrier français. Mon père était de ceux-là.

Au retour de l'horrible boucherie de 1914-1918, meurtris par les souffrances endurées et les combats imposés par les puissances européennes, tous ces gens pétris d'idéal furent déçus par les abandons de la IIe Internationale socialiste. Cette dernière, créée en 1889, avait clamé son opposition à la guerre, avant de rejoindre l'Union sacrée – c'est-à-dire, en Allemagne comme chez les Alliés, l'alliance politique fondée sur l'abandon des divergences nationales au profit d'une cohésion patriotique à coloration nationaliste. Mise à mal en 1916 par une montée du pacifisme et, les deux années suivantes, par des grèves et autres mouvements, cette Union avait fini par exploser sous le poids d'une opposition d'abord très minoritaire puis massive.

Cela explique pourquoi mon père et les autres furent alors subjugués par la révolution d'Octobre qui, en Russie, avait vu le prolétariat prendre le pouvoir. Cette fascination peut paraître incompréhensible de nos jours. Mais à cette époque, cette révolution, en prouvant qu'il était possible d'opérer de profonds changements, traduisait l'immense espoir d'émancipation de la classe ouvrière du début du XXe siècle. Aussi était-elle largement considérée comme l'exemple à suivre.

Dans cet esprit, se constitua la majorité communiste qui, en 1920 au congrès de Tours, se montra favorable à l'adhésion du parti socialiste à la IIIe Internationale communiste, créée en 1919 en réaction à la deuxième. Syndicaliste, communiste, CGTU, artisan de l'unité syndicale et du Front populaire en 1936, résistant dès 1940, mon père fut toujours sincèrement convaincu qu'il avait choisi le bon chemin. Il y resta fidèle, sans se préoccuper de savoir si ses certitudes pouvaient être remises en question. Il nous a quittés en juillet 1981, dix ans avant la disparition de l'Union soviétique, qu'il vénérait tant.

Lorsque je rejoins la Fédération des cheminots, je retrouve ces profondes convictions paternelles dans les idées de la plupart de mes camarades dirigeants. Je les partagerai longtemps, avant de commencer à voir les choses sous un angle différent. Dans le syndicalisme, les précieux enseignements du passé ne peuvent à eux seuls permettre l'inévitable adaptation des méthodes de direction, des structures et des orientations. Celles-ci sont rendues nécessaires par les évolutions économiques et sociales, les changements sociétaux, les événements nationaux et internationaux.

Mais revenons à mes activités. L'une de mes premières missions en tant que nouveau secrétaire consiste à participer à une rencontre avec les mécaniciens et chauffeurs du dépôt de Mohon, dans les Ardennes, pour résoudre un litige concernant la réglementation du travail. Arrivé le dernier, le responsable de la section syndicale demande :

« Où est le représentant de la Fédé ?

— Le voici, répond un militant en me désignant. »

Il me regarde mi-surpris, mi-perplexe et se demande manifestement si ma jeunesse (vingt-deux ans) est vraiment compatible avec ce genre de mission. Là encore, le respect dont m'auréole mon récent passé de résistant et de déporté atténue le scepticisme de ces travailleurs du rail, réputés fiers et exigeants. Plus tard, j'apprendrai que les vieux militants m'ont amicalement surnommé « le gamin de la Fédé ».

Voyage au berceau du socialisme

Secrétaire de la Fédération des cheminots, je peux dire que mon cas sort de l'ordinaire, en raison de mon âge et, encore une fois, de mon passé de résistant. Ces deux particularités me valent sans aucun doute le plaisir d'être intégré, en 1951, à la délégation de la CGT invitée en URSS à l'occasion des cérémonies du 1er mai. Composée d'une quinzaine de personnes, elle est conduite par Lucien Jayat et Léon Mauvais, avec lequel j'ai toujours entretenu d'étroites relations d'amitié. Nous étions même des intimes, puisque nos familles se connaissaient et que nos enfants se côtoyaient.

Nous sommes tous ravis de visiter le « berceau du socialisme », dont le prestige a atteint des sommets. L'URSS doit cette aura aux glorieux mérites de l'Armée Rouge dans le combat contre le nazisme et à l'immense sacrifice de son peuple, dont vingt-deux millions d'âmes ont péri durant la

Seconde Guerre mondiale. L'accueil est fraternel et très sympathique. Nous visitons plusieurs entreprises, accompagnés du directeur et du responsable du parti, mais presque jamais du représentant syndical. Cette absence ne manque pas de nous paraître insolite…

Durant le phénoménal défilé militaire et populaire sur la place Rouge, je me trouve à quelques mètres des plus hauts dignitaires du Soviet suprême, le Conseil des ministres. Cette position me permet de constater que Staline n'est pas aussi grand que je l'imaginais. À force d'entendre parler du « Grand Staline », j'ai dû ne retenir de la double signification de cet adjectif que celle qui concerne sa taille, négligeant celle qui tend à magnifier le génie du personnage.

Comme tous les représentants étrangers, nous avons ensuite l'honneur de nous rendre au mausolée de Lénine, véritable et impressionnant lieu de pèlerinage. Alors que je m'apprête à y pénétrer, je repense à ces témoignages affirmant le caractère ô combien émouvant de ce recueillement devant la dépouille du grand homme. Or, je ne ressens aucune émotion. J'ai vu tellement de cadavres durant ma déportation… Par la suite, dans mon livre *Lutter*, j'exprimerai ma désapprobation : cette quasi-déification du cadavre d'une célébrité équivaut à un culte funèbre de caractère religieux. Lorsqu'un éditeur soviétique décidera de publier une traduction russe de ce livre, je me verrai proposer la suppression de cette opinion personnelle. Ma réponse sera nette : en pareil cas, je m'opposerai à cette édition. Finalement, l'ouvrage paraîtra en 1978, avec le passage concerné !

À ce propos, je me souviens d'une mémorable conversation avec le président Hô Chi Minh, lors d'un voyage au Viêt-nam en septembre 1966. Je conduis alors une délégation de la CGT chargée d'assurer le peuple vietnamien de notre solidarité morale et matérielle face aux pilonnages criminels des B52 américains. À la demande d'Hô Chi Minh, notre rencontre a lieu dans les sous-sols de la résidence présidentielle, à l'abri d'éventuels bombardements. Nous discutons surtout des lourdes conséquences civiles de ces attaques intensives. Puis il évoque la stupidité du colonialisme français, qui a rejeté sa proposition de négocier l'indépendance du Viêtnam. Cette négociation aurait pu aboutir à des accords avantageux pour les deux pays, sans que la France ait à payer sa défaite de Diên Biên Phù.

Pour finir, il me fait une confidence : « À mon âge [soixante-seize ans], je n'ai plus grand-chose à espérer pour moi-même, sinon que mes camarades ne commettent pas l'erreur d'exposer ma dépouille mortelle dans un mausolée. » C'est pourtant ce qui va lui arriver trois ans plus tard. Depuis cet entretien empreint d'une profonde sympathie, je suis retourné au Viêtnam à deux reprises, mais, par respect pour la mémoire et l'humilité de l'oncle Hô – comme le nomment tous les Vietnamiens –, j'ai refusé de visiter ce mausolée. Je préfère garder de lui le souvenir vivant de notre rencontre.

Bref, ce premier voyage en URSS va tempérer un sentiment hérité de mon père : l'admiration sans bornes à l'égard du pays où, pour la première fois dans l'histoire depuis la Commune de

Paris en 1871, le prolétariat est parvenu à s'emparer du pouvoir et à liquider le capitalisme.

J'aurai souvent l'occasion de m'y rendre après la mort de Staline en 1953. Le XXe congrès du Parti communiste de l'URSS, deux ans plus tard, livre une critique du bilan stalinien et, par la bouche de Khrouchtchev, dénonce, pour la première fois dans l'histoire soviétique, les crimes de Staline. J'ai rencontré de nombreux personnages exerçant des responsabilités plus ou moins importantes au sein du PCUS, des syndicats et des médias.

Au cours de ces entrevues, je tente parfois de connaître l'opinion intime de mes interlocuteurs sur le système soviétique, totalement dépendant de la direction du parti unique. Ces conversations n'aboutissent jamais. Les plus ouverts à l'échange et à la réflexion se dérobent toujours, dès lors que la discussion frôle la critique du régime. Le respect d'un centralisme qui n'a rien de démocratique exclut en effet toute contestation du sommet de l'État ; celui-ci verrouille l'esprit et les capacités de critique, même parmi les sujets réputés les plus intelligents. Cette résignation aux décisions de l'autorité suprême explique, dans un certain sens, le déclin d'un système que Gorbatchev essaiera vainement de transformer, alors même qu'il sera déjà trop tard !

En 1961, je suis également membre de la délégation française qui, conduite par Maurice Thorez et Waldeck Rochet, assiste au XXIIe congrès du PCUS. Des délibérations qui ont lieu durant ces assises, ma mémoire a retenu surtout le toast porté par Khrouchtchev au cours du repas de clôture offert aux invités étrangers. Un toast d'une heure dans lequel il révèle le comportement des membres du bureau politique du parti. Au moment de la mort de Staline, ceux-ci expriment dans la plus grande pagaille leurs divergences sur la manière de condamner le stalinisme et de poursuivre le changement. Il parle aussi de l'importance des crimes imputés à ce qu'il faut bien appeler un pouvoir personnel totalitaire. En écoutant ces révélations, je me remémore l'attitude de la délégation française à son retour du XXe congrès du PCUS.

Ses membres avaient en effet pris la lourde responsabilité de passer sous silence le rapport de Khrouchtchev, tandis que *Le Monde* venait de le publier intégralement ! Cette réticence à reconnaître ce que l'histoire avait celé devait avoir de graves conséquences sur le PCF. À cette époque, en 1955, cette attitude incompréhensible crée un lourd malaise chez la plupart des membres du Comité central du PCF (dont j'étais un tout nouveau venu), sans pour autant provoquer la protestation qu'elle justifie. Je n'ai jamais oublié ce moment difficile.

Organisé en 1956 au Havre, le 14e congrès du PCF va donner lieu à un certain ressaisissement des communistes français, sérieusement traumatisés par ce XXe congrès soviétique et ses suites. Il voit aussi ma nomination au bureau politique, organe de direction du parti, avec Roger Garaudy et Gustave Ansart, secrétaire de la fédération du Nord.

J'ai déjà signalé combien certaines cooptations à des postes syndicaux et politiques me paraissaient incompatibles avec mes réelles compétences. Cette fois, je veux contester le bien-fondé de cette décision collective – laquelle met en lumière les relations entre partis et syndicats, que je développerai plus loin. Aussi vais-je trouver Maurice Thorez pendant les débats du Havre. Je lui fais part de ma stupéfaction et de mes réserves quant à une telle promotion.

« Tu as vingt-neuf ans, me répond-il. Sache que j'en avais vingt-sept lorsqu'il m'est arrivé la même chose, voilà une trentaine d'années. Mais il y a une différence : à cette époque, la direction du parti était gangrenée par un groupe d'individus peu recommandables, dont il a fallu se débarrasser. Toi, tu arrives dans un bureau politique cohérent, composé de militants expérimentés et sur lesquels tu peux compter en cas de besoin. Et puis tu dois faire un peu confiance au jugement de ceux qui t'ont choisi. » Je décide de faire de mon mieux pour ne pas décevoir…

La rencontre du Général

La France des années 1950 ne connaît pas seulement les crises de conscience du PCF. La guerre d'Algérie est une plaie ouverte à laquelle succédera celle du Viêtnam, conflit colonialiste et impérialiste soutenu activement par les États-Unis dans les circonstances que l'on sait. Dès le début des événements, la CGT s'est prononcée en faveur de la reconnaissance d'indépendance des Algériens et mène progressivement de nombreuses actions communes avec l'Unef (Union nationale des étudiants de France) et la CFDT.

De minoritaires, nos positions sur ce sujet deviennent majoritaires. Une vive inquiétude s'empare cependant des milieux démocratiques lorsque, le 13 mai 1958, éclate le coup de force d'Alger. Émotion mais aussi perplexité. Au moment où la IVe République, discréditée, approche de son agonie, les principaux chefs militaires prennent la direction d'un complot fort semblable à un début de coup d'État. Quels en sont les dessous politiques ? Sans aucun doute le nationalisme et le colonialisme, fondés sur une domination de l'Algérie française.

Acclamé par le comité de salut public à l'origine de cette initiative, le général de Gaulle se déclare alors persuadé qu'il est impossible de dénouer la crise par le système des partis. Il se dit prêt à assumer « tous les pouvoirs de la République » et apparaît comme le seul homme capable de mettre un terme à l'aggravation de la situation. Il se rend à Alger, où il prononce son célèbre et ambivalent : « Je vous ai compris », avant de percevoir la nécessité d'accorder l'indépendance.

Dès le 13 mai, la direction du PCF siège quasiment en permanence. Son analyse de la situation peut alors se résumer à la mise en garde lancée par Jacques Duclos : « Il faut à tout prix empêcher que la France connaisse la honte d'une dictature militaire. » L'inquiétude est telle que, pour des raisons de sécurité, nous nous réunissons à l'Assemblée nationale avec le groupe parlementaire communiste. Il est même conseillé aux membres du bureau politique d'éviter de coucher à leur domicile, au cas où, sait-on jamais, des arrestations seraient décidées.

Des dispositions particulières sont prises pour garantir le fonctionnement de la direction si, d'aventure, la situation empirait encore et si le parti était déclaré illégal. Je me retrouve « responsable des problèmes militaires » avec Marcel Servin et Antoine Casanova, deux autres membres du bureau politique du PCF. Nous n'aurons jamais l'occasion de nous réunir, de sorte que je ne sais toujours pas quelles étaient nos prérogatives…

Le 28 mai, à l'appel de plusieurs formations de gauche et de la CGT, une puissante manifestation populaire regroupant 500 000 personnes, selon les estimations, défile à Paris, de la place de la Nation à celle de la République. La foule scande essentiellement : « Le fascisme ne passera pas. » Mais ce slogan n'a pas la même signification pour tous les participants, surtout en tête du cortège, où je me trouve. Certains, dont moi-même, pensent aux militaires factieux d'Alger Massu et Salan ; d'autres, aux tractations politiques en cours à Paris, lesquelles aboutissent le 1er juin au vote d'investiture du général de Gaulle par la majorité de l'Assemblée nationale. D'où vient cette dernière suspicion ? Prêter à de Gaulle la volonté d'instaurer un pouvoir personnel dictatorial de type fasciste n'est évidemment pas crédible pour la grande majorité des citoyens. Lors d'une conférence de presse, il déclare lui-même n'avoir jamais attenté aux libertés et ne pas souhaiter, à son âge (soixante-huit ans), entamer « une carrière de dictateur ».

Écœurés par les turpitudes de la IVe République, la plupart des Français voient en de Gaulle non seulement l'homme du redressement national, mais aussi celui du changement qu'ils espèrent, c'est-à-dire la fin d'une République décrépite. Tous les membres du comité central du parti n'approuvent pas les accusations antirépublicaines dont le général fait l'objet. Je pense ici à Marcel Servin et Antoine Casanova, d'ailleurs écartés par la suite pour cette raison, tout comme Kriegel-Valrimont. Je regrette sincèrement leur éviction. Les résultats du référendum du 28 septembre 1958, destiné à approuver la nouvelle Constitution de la Ve République – mais aussi et pour beaucoup à plébisciter de Gaulle –, démontreront, avec 79 % de « oui », à quel point le changement gaulliste s'appuyait sur une large adhésion populaire.

En attendant, et durant l'élaboration de la Constitution, de Gaulle assume le rôle de président du Conseil et fait de son mieux pour apparaître profondément attaché à la République et au respect de la démocratie. À cet effet, il reçoit d'innombrables personnalités de la vie publique, y compris les dirigeants des principales centrales syndicales. Seule la direction de la CGT refuse son offre, se rangeant ainsi à la ligne du PCF, l'accusant d'un coup de force militaire. Pourtant, en juillet 1958, à l'occasion d'un conflit entre agents de conduite et direction de la SNCF, de Gaulle prend une initiative étonnante : la direction de la Fédération des cheminots CGT est priée de s'entretenir avec lui des raisons de ce litige. Dans son esprit, une telle rencontre avec les représentants de l'une des plus importantes fédérations peut-elle contrebalancer le refus désobligeant de la centrale ? Je le pense, mais j'accepte et je crois que j'ai alors eu raison.

Notre entretien n'a rien d'extraordinaire. Après avoir entendu les explications sur la nature dudit conflit, il enchaîne : « J'ai tenu à vous rencontrer car je me dois d'être sensible à tous les problèmes sociaux. Celui dont vous venez de me parler relève davantage d'une négociation entre les représentants du personnel concerné et la direction de la SNCF que de la responsabilité du gouvernement. J'en ferai part. »

Cet entretien est pour moi l'occasion d'informer de Gaulle des mesures discriminatoires dont est victime notre fédération, par ailleurs la plus représentative des cheminots. Nous sommes en effet exclus du conseil d'administration de la SNCF. Nos responsables permanents, contrairement à ceux des autres fédérations, ne sont plus payés par l'entreprise. Trouvant cette différence de traitement anormale, il promet de s'en occuper personnellement. Dix ans plus tard, rien n'aura changé... jusqu'au rétablissement de ces droits en mai 68 !

Prolongée par un dialogue inattendu, notre rencontre permet d'aborder, à l'initiative du Général, un sujet délicat. Avec la considération et le respect qu'il déclare avoir pour la CGT, il exprime assez ouvertement le regret de ne pas retrouver aujourd'hui de notre part l'esprit d'entente et de coopération de la Résistance. Je constate pour ma part que, de 1940 à 1945, nous avions la commune volonté de libérer au plus tôt la France de l'occupation hitlérienne. De ce fait, les raisons de rassembler nos forces pour vaincre l'ennemi commun l'emportaient largement sur nos différences sociales ou politiques. La réalité d'aujourd'hui est différente, force est de le reconnaître. « Vous représentez des intérêts difficilement conciliables avec ceux que nous défendons, dis-je. Mais cela n'est pas une raison pour s'interdire de rechercher des solutions sociales de part et d'autre, dans un esprit de négociations auquel le patronat ne semble guère ouvert. »

En guise de conclusion, je peux aujourd'hui considérer que ma rencontre avec le général de Gaulle en juillet 1958 ne s'avère pas très productive sur le plan social.

De l'Algérie à la grève des mineurs

Les premières années de la nouvelle République gaulliste sont sérieusement perturbées par la poursuite de la guerre d'Algérie, entamée en 1954. Le référendum du 8 janvier 1961 approuve largement le droit à l'autodétermination du peuple algérien. Il soulève la réprobation des colonialistes défendant bec et ongles l'Algérie française. La tension algéroise dégénère le 22 avril en insurrection, laquelle implique la plupart des chefs militaires compromis dans le coup de force du 13 mai 1958. Mais ladite insurrection est surtout dirigée contre de Gaulle, qui réplique avec une grande fermeté.

De son côté, Michel Debré, Premier ministre, dénonce la menace d'« action de surprise et de force sur la métropole, en particulier sur la région parisienne ». Et pour arrêter l'agression : « Dès que les sirènes retentiront, lance-t-il, allez-y à pied ou en voiture. » Je me trouve à la Fédération des cheminots lorsque j'entends cet appel angoissé. Je prends mon ton le plus solennel et le plus sérieux possible pour téléphoner à Matignon et fais savoir au Premier ministre que nous sommes prêts à y aller à pied ou en voiture, à condition qu'il nous fournisse un minimum d'armement adapté à ce type d'intervention. Cette preuve de bonne volonté reste évidemment sans suite.

Dans ce climat lourd de tensions, d'inquiétude et de confusion, les attentats de l'Organisation armée secrète (OAS), qui regroupe les factieux de l'Algérie française, se multiplient. En riposte, la plupart des organisations syndicales lancent un appel à une manifestation antifasciste. Également destinée à réclamer la paix en Algérie, elle a lieu le 8 février 1962. Le préfet de police Maurice Papon s'est déjà distingué lors de la répression du 17 octobre 1961, journée de manifestation au cours de laquelle de nombreux Algériens manifestant ont été jetés dans la Seine. Il mobilise d'importants effectifs. Au moment où l'imposant cortège se disloque, les forces de l'ordre chargent violemment les manifestants. Beaucoup, tous membres de la CGT, sont victimes de ce déchaînement policier. On dénombre moult blessés et neuf morts.

Plusieurs événements de poids marquent l'échec définitif du complot d'Alger. Les accords d'Évian, signés le 18 mars 1962, conduisent au cessez-le-feu. Le 8 avril 1962, le peuple approuve par référendum lesdits accords et l'indépendance de l'Algérie, avec une majorité de 75 % des électeurs. Le 24 avril, une puissante grève intersyndicale est organisée pour la paix en Algérie. Enfin, le 1er juillet, le peuple algérien se prononce aussi par référendum sur son autodétermination, laquelle signe la création d'un État enfin indépendant.

Et qu'en est-il des questions intérieures françaises ? Lorsque, le 14 avril 1962, Michel Debré est remplacé par Georges Pompidou, tout laisse à penser que, libéré de la charge et des dangers du conflit algérien, le pouvoir gaulliste va se pencher avec plus d'attention sur les problèmes sociaux. Non seulement il n'en est rien, mais plusieurs décisions prises par décret ou ordonnance ont pour effet de provoquer de vives réactions syndicales. Ainsi, en exigeant le dépôt d'un préavis de cinq jours au minimum avant tout arrêt de travail, les textes portent atteinte au droit de grève. En sus, les ministres chargés de la SNCF, d'EDF-GDF, de la RATP et d'Air France peuvent réquisitionner leur personnel en cas de grève. Concernant la santé, la Sécurité sociale, dont la gestion a été modifiée en faveur du patronat et au détriment de la représentation des salariés, doit appliquer une franchise sur les remboursements. Enfin, à côté du blocage de toute possibilité de négociation entre syndicats, patronat (qui est responsable de cette situation) et État, ce dernier fixe les grilles de salaire et leur évolution dans les secteurs publics et nationalisés.

Ces méthodes arbitraires se heurtent bientôt à une résistance à laquelle ni de Gaulle ni Pompidou ne s'attendaient. Le mécontentement des cheminots, des gaziers et des électriciens se traduit par d'importants arrêts de travail dès le début de l'année 1963. Les mineurs décident quant à eux d'entrer en grève à partir du 1er mars. La veille, de Gaulle et son Premier ministre signent les ordres de réquisition adressés à chacun des mineurs. Comment vont-ils réagir ? se demande-t-on. Dès le lendemain, tout le monde le sait. Pas un seul ne répond à cet ordre. Mieux, un vaste élan de solidarité aux valeureuses « gueules noires » mobilise toute la population, parfois de manière émouvante, notamment par des collectes.

Le général, habitué à commander et à être obéi, doit probablement ressentir cet échec d'autant plus amèrement qu'après un mouvement de trente-cinq jours, les mineurs remportent une retentissante victoire, soldée par une augmentation de salaire de 12,5 % en trois étapes. Cette grève exemplaire marque incontestablement un premier tournant dans la situation sociale. Les travailleurs ont pris conscience de leur force. L'unité stimule leur action, j'en suis persuadé.

Secrétaire général de la Fédération des cheminots depuis 1961 et entouré d'une équipe de militants sensiblement de ma génération, je n'exercerai cette responsabilité que pendant quatre ans. Voici pourquoi.

Nomination surprise

Comme je l'ai déjà écrit, il m'est souvent arrivé d'être surpris et parfois même sidéré par les propositions qui m'ont été faites d'exercer des responsabilités syndicales et politiques qui, pensais-je, dépassaient mes compétences. Ma plus grande stupéfaction demeure la proposition de Benoît Frachon de le remplacer au poste de secrétaire général de la CGT. Il m'a souvent été demandé d'en raconter le déroulement. J'y réponds aujourd'hui volontiers.

Je connais Benoît Frachon de longue date, du fait de notre commune appartenance au bureau politique du PCF depuis 1956. Métallurgiste dans la Loire, secrétaire général de la CGTU devenu communiste, il a été le dirigeant de la résistance ouvrière pendant toute l'Occupation. Nous déjeunons presque quotidiennement ensemble au siège du parti communiste, avec les autres membres de la direction nationale. Nous échangeons ainsi des idées et des informations sur nos activités respectives, à la fois syndicales et politiques.

Par ailleurs, nous nous rencontrons souvent dans le Loiret et il nous arrive même de pêcher ensemble. Benoît Frachon loue une modeste maison près de la forêt d'Orléans. Accompagné de ma famille, je rends souvent visite à des amis qui habitent tout près de chez lui et je m'installe dans la région en 1966, lorsque nous faisons l'acquisition d'une résidence secondaire. Si je garde un excellent souvenir des moments passés en sa compagnie, je me souviens aussi de ma réticence à monter dans sa voiture, tant la fumée de sa pipe m'est exécrable. Je viens alors de rompre avec le tabac et je n'en supporte plus l'odeur. À la tribune des meetings syndicaux ou politiques auxquels nous nous devons d'assister, sa fumée redoutable part inévitablement dans ma direction, que je m'asseye à sa droite ou à sa gauche !

Au cours de l'une de nos rencontres dans le Loiret, dans le courant de l'automne 1963 si ma mémoire ne me fait pas défaut, il me fait part de son intention de réduire son activité : « J'approche de l'âge [il a alors soixante et onze ans] où il faut commencer à penser à la relève. Je ne suis pas inquiet à cet égard. Plusieurs militants, dont toi et Henri Krasucki, sont tout à fait capables de me succéder. » Quelques semaines plus tard, il se fait plus précis : « J'ai réfléchi et consulté plusieurs camarades. Mon choix est fait. Je vais proposer ta candidature au bureau confédéral dès le prochain congrès, en annonçant mon intention de te passer le relais au congrès suivant. »

Il est sans intérêt d'épiloguer sur ma réaction et de rappeler les arguments qui me viennent à l'esprit pour le dissuader de persévérer dans cette intention. Qui sont ces camarades consultés avant d'arrêter sa décision ? Franchement, je l'ignore et ne chercherai jamais à le savoir.

En 1965, lors du 25e congrès de la CGT, je suis donc élu membre du bureau confédéral (la plus haute instance) dès sa première réunion, en même temps que deux autres camarades non communistes. Benoît Frachon, souhaitant la bienvenue à ces trois nouveaux secrétaires, déclare : « Je tiens d'ores et déjà à vous informer que j'ai choisi mon dauphin. Ce sera Georges Séguy. » L'approbation du bureau est unanime.

Ma désignation à la lourde responsabilité de secrétaire général de la première centrale syndicale nationale se déroule lors de son 36e congrès, en juin 1967, à Nanterre. Cette élection ne manque évidemment pas de faire ressurgir le vieux débat sur l'incompatibilité de mandats syndicaux et politiques, sous prétexte de mon appartenance au bureau politique du PCF. J'aborderai bientôt ce sujet épineux.

À propos de cette affaire dite « de double casquette », je me souviens de la remarque ironique d'un journaliste s'écriant, au cours d'une réception en fin de congrès : « On ne nous fera tout de même pas croire que le parti l'a hissé à son bureau politique en 1956 en vue de le préparer à être secrétaire général de la CGT onze ans plus tard ! » Je répliquerai simplement que, lors de mon élection au bureau politique du PC, personne ne m'avait parlé de la direction de la CGT... Mais cette polémique est vaine, et il est préférable d'aborder maintenant un chapitre essentiel de notre histoire récente.

Mai 1968

Mai 68 ne surgit pas comme une brusque tempête soulevant soudainement les deux mondes du travail et de l'Université. Les deux années qui précèdent l'événement donnent déjà les signes évidents d'un sérieux mécontentement et d'un profond désir de changement.

Instaurée dix ans auparavant, alors que la IVe République agonisait et que la guerre d'Algérie dérivait vers des agissements factieux, la Ve République a suscité un grand espoir de nouveauté auprès d'une forte majorité de Français. En fait, hormis la Constitution, rien n'a changé socialement ou culturellement. L'archaïsme toujours souverain a incité à la contestation et à l'action, aussi bien de la part des étudiants, pour moderniser l'Université, que des travailleurs, privés de toute possibilité de négociation sociale.

L'espoir insufflé par la volonté de réforme prêtée au nouveau pouvoir gaulliste laisse vite place à la déception et crée progressivement un climat d'opposition, jusqu'à l'explosion. Fruit d'une évolution et d'un enchaînement de circonstances sociales et politiques, Mai 68 se résume à une avalanche d'événements dans un délai très court.

Tout d'abord, il est utile de rappeler le contexte syndical des semaines qui précèdent cet épisode déterminant. L'émergence de la CFDT (Confédération française démocratique du travail) est un moment important. Lors du 32e congrès de la CFTC (Confédération française des travailleurs chrétiens) en 1964, une large majorité adopte de nouveaux statuts constitutifs de la CFDT. Eugène Descamps, chef de file de cette tendance « reconstruction », en devient le secrétaire général. Quant à la minorité, elle décide de poursuivre au sein de la CFTC.

Pour ma part, j'entretiens déjà des relations personnelles avec plusieurs militants de la nouvelle CFDT. Je pense à d'anciens résistants, ou encore à d'ex-responsables de la JOC (Jeunesse ouvrière chrétienne) comme Eugène Descamps, sincèrement tourné vers un syndicalisme répondant aux intérêts de la classe ouvrière dont il est issu. Ces relations me permettent de suivre avec intérêt l'évolution de l'orientation du syndicalisme chrétien, de la Libération à cette déchristianisation de 1964.

Descamps et son groupe prônent un syndicalisme plus indépendant de la démocratie chrétienne et plus clairement anticapitaliste. Des divergences internes compliquent cependant la mise en œuvre de la nouvelle orientation. Elles traduisent une double préoccupation : ne pas donner l'impression d'abandonner la morale chrétienne et ne pas être suspecté de se rapprocher de la pensée marxiste. La recherche de cet équilibre ne peut être efficace sans avoir pleine conscience du contexte politique et social du moment. La situation d'« avant 68 » se caractérise en effet par un blocage général des relations sociales, le patronat et le pouvoir gaulliste s'opposant à toute proposition de négociation. Alors que percent manifestement des intentions visant à restreindre les acquis sociaux, la CGT et la CFDT, les deux principales centrales, concluent un accord d'unité d'action le 10 janvier 1966, qui va revêtir une grande importance pour les travailleurs.

Cette entente intersyndicale sans précédent renforce en effet leur conviction que le meilleur moyen de faire sauter ce blocage est de fédérer les énergies. Dès lors, leur action devient plus offensive et plus unitaire. Outre les manifestations diverses et ponctuelles, marquées par des arrêts limités du travail, plusieurs grèves nationales se déroulent en mai et novembre 1966, puis en février et en mai de l'année suivante. Et ce n'est pas fini.

Jusqu'au 21 août 1967, la Sécurité sociale est gérée par les représentants élus des salariés. Mais à cette date, des ordonnances prévoient la suppression de ces élections, le fractionnement de la gestion de la Sécurité sociale entre patrons et salariés et la séparation des caisses de maladie, de vieillesse et d'allocations familiales. Elles font craindre une privatisation de notre système de protection sociale, tel qu'il a été conçu par le programme du Conseil national de la Résistance.

L'année 1967 s'achève dans un climat de sérieuses tensions. De nouvelles grèves nationales sont organisées en octobre et en décembre. Indéniablement, l'accord CGT-CFDT a dopé le mouvement, et l'idée du « tous ensemble » n'est plus hypothétique. Elle devient un objectif.

Parallèlement à cette tension sociale, émergent différentes idéologies. Affichant leur volonté de faire évoluer et de transformer la société capitaliste, elles proclament la nécessité de dépasser ou de moderniser le marxisme. Une vague de débats variés, initiée par plusieurs groupes distincts réputés d'extrême gauche, déferle sur les intellectuels et les politiques. De vives polémiques sur la meilleure voie révolutionnaire naissent entre marxistes, trotskistes, anarchistes et maoïstes. N'oublions pas le mouvement situationniste, créé en 1957 et dissous en 1972, qui prône la révolution permanente jusque dans la vie quotidienne. Présents à l'université de Nanterre, les situationnistes décident de se baptiser « Enragés de Nanterre », avant de devenir le « mouvement du 22 mars » dont Daniel Cohn-Bendit reste aujourd'hui la figure emblématique. De nationalité allemande, il est, à l'issue des « événements », expulsé de France jusqu'en 1978. À partir de 1984, il mène une carrière politique avec les Verts allemands (*Grünen*) et français et est même élu député européen. Mais revenons à notre récit…

Ce brassage de convictions et de controverses idéologiques gagne l'Unef. Créée après la Libération, cette union a pour vocation de représenter les étudiants de toute sensibilité. À mon sens, ce débat idéologique est préjudiciable au caractère purement syndical de l'Unef et à son indépendance, d'autant plus que la lutte pour la modernisation de l'Université va en s'amplifiant. Il aurait mieux valu qu'il se déroule à l'extérieur de ce syndicat.

Bref, au lendemain du 36e congrès de la CGT qui m'a élu secrétaire général en juin 1967, je travaille d'arrache-pied avec les fédérations, les unions régionales, départementales, locales, et les gros syndicats. Notre but : asseoir les décisions prises par le congrès, dont celle de placer l'année 1968 sous le thème général : « La CGT donne la parole à la jeunesse. »

Au plan national, il s'agit d'organiser en mai 1968 un festival et une conférence des jeunes travailleurs, suivis d'un grand rassemblement de la jeunesse à Pantin, près de Paris. À cet effet, un centre confédéral de la jeunesse est créé. Il offrira aux jeunes cégétistes une certaine autonomie d'expression et d'initiative proche des aspirations de la nouvelle génération de salariés. Avant de poursuivre, je tiens à préciser que, si j'ai tenu à rappeler ces mesures du 36e congrès, c'est à l'intention de ceux qui persistent à prétendre, contre l'évidence, que la CGT a été dépassée par les événements et que les travailleurs n'ont alors fait que suivre les étudiants.

Un autre événement révélateur du climat social de cette période intervient le 1er mai 1968 à Paris. La manifestation traditionnelle de solidarité ouvrière internationale est interdite. Cela ne s'était pas produit depuis quatorze ans ! La CFDT n'ayant pas répondu à l'appel commun, la CGT réunit cent mille travailleurs – dont de nombreux jeunes salariés, étudiants et enseignants – qui, à Paris, marchent de la République à la Bastille. À cette date, en France, d'importants défilés, souvent unitaires, reflètent une forte détermination revendicative, illustrée par le même slogan : « Tous ensemble ! Tous ensemble ! » Les informations qui nous parviennent le soir même indiquent une recrudescence de la lutte, un renforcement de l'unité d'action et une extension du mouvement social. Diagnostic : la température monte !

Même constat au Quartier latin, où les étudiants se heurtent de plus en plus fréquemment aux forces de l'ordre. Cette répression policière atteint son paroxysme dans la nuit du 10 au 11 mai, rue Gay-Lussac. Cette nuit-là je suis à l'écoute d'Europe n° 1 qui retransmet en direct l'affrontement entre les jeunes et les unités spéciales, celles-là mêmes qui se sont tragiquement illustrées au métro Charonne en février 1962. Le quartier est en état de siège. Des gaz de combat et des grenades offensives sont utilisés. Une brutalité sauvage se déchaîne. De nombreux étudiants sont blessés et transportés dans les hôpitaux les plus proches. Franchement je suis indigné et angoissé par une telle violence.

Au nom de la CGT, j'élève une véhémente protestation et je propose aux autres organisations syndicales une rencontre d'urgence à 9 heures à la bourse du travail de Paris où se retrouvent les représentants de la CGT, de la CFDT, de l'Unef et de la FEN (Fédération de l'Éducation nationale regroupant les enseignants) se retrouvent donc à la bibliothèque de la bourse du travail de Paris. Je pense qu'il n'est pas sans importance de savoir, notamment pour les historiens soucieux de comprendre l'enchaînement des événements, ce qui se passe ce samedi 11 mai, entre 9 et 11 heures à la bibliothèque de la bourse du travail. Ayant pris l'initiative de ce rendez-vous, j'explique en quelques mots les raisons de son urgence : « Il n'est pas possible que nous ne réagissions pas rapidement et fermement à la violente agression policière de cette nuit contre les étudiants. À cet effet, je vous propose d'appeler les travailleurs à une grève nationale accompagnée de puissantes manifestations dans toute la France, dès après-demain 13 mai. »

À la stupeur et l'hésitation succède la réflexion. J'en profite pour lire un projet d'appel à cette journée de lutte. Le texte se termine par : « Halte à la répression, liberté, démocratie, vive l'union des travailleurs et des étudiants. » Si aucune des organisations présentes ne l'accepte, il sera lancé le midi par la seule CGT. Après avoir téléphoné à son bureau confédéral, le délégué de la CFDT me donne son accord. Dans le courant de l'après-midi, l'Unef, la FEN et son SNES Sup (secteur de l'enseignement supérieur, c'est-à-dire universitaire) se rallient. Le soir, FO fait savoir tardivement qu'elle participera à la grève, mais non aux manifestations.

De nombreuses organisations, associations ainsi que tous les partis de gauche soutiennent cet appel à la riposte populaire, antirépressive et solidaire des étudiants en lutte. Ce 13 mai dépasse les prévisions les plus optimistes. L'arrêt de travail est massif. Les manifestations puissantes comptent huit cent mille participants à Paris, de République à Denfert-

Rochereau. De toute part, l'enthousiasme déborde et la confiance s'accroît. Une situation nouvelle se fait jour. Caractérisée par un basculement du rapport de force en faveur des travailleurs et des étudiants, elle fait vaciller le pouvoir. Estimant que nous allons vers un mouvement de grande envergure, le bureau de la CGT demande à ses militants d'en être les meilleurs initiateurs. Dès le lendemain, plusieurs grandes entreprises décident la grève illimitée, avec occupation.

Je suis impressionné par la très rapide propagation du mouvement, mais surtout par ce qui est à l'œuvre dans des centaines de petites et moyennes entreprises dépourvues de syndicat. Des salariés sans expérience syndicale, avec ou sans l'aide de militants CGT, parlent publiquement pour la première fois de leur vie. Ces femmes et ces hommes expliquent les raisons de leur action. Réunissant le personnel, ils lui proposent de cesser le travail, d'occuper l'entreprise, d'élire un comité de grève qui conduira les opérations, de se retrouver quotidiennement en assemblée générale pour connaître les dernières nouvelles et décider démocratiquement de l'arrêt ou de la reconduite du mouvement.

Nos discussions passées sur les meilleurs moyens de promouvoir un « syndicalisme démocratique indépendant, de masse et de classe » sont en train de se concrétiser dans la lutte engagée. Il nous faut, selon moi, tirer les enseignements de cette extraordinaire expérience dès l'arrêt général du travail, qui ne fait plus aucun doute.

La direction de la CGT doit-elle pour autant lancer un mot d'ordre de « grève générale » ? Notre comité national en discute sérieusement. Après mûre réflexion, nous préférons y renoncer, afin de permettre aux travailleurs de se prononcer démocratiquement sur cette décision, sur leurs revendications et sur la gestion de l'arrêt de travail avec occupation de chaque entreprise privée ou publique. Adoptée par la confédération et recommandée à tous nos militants, cette stratégie se concrétise par ce que nous qualifions de « première expérience d'autogestion d'une grève générale ». Elle va dans le sens de ce que mes aînés m'ont appris : « Le meilleur moyen de prévenir toute tentative de briser une grève, c'est de la faire dépendre des grévistes eux-mêmes. »

Pour que le lecteur ait une juste connaissance des événements, j'évoquerai ici un fait peu connu : si la parution de la presse nationale et régionale n'a pas été stoppée, c'est aussi en raison d'une recommandation de la CGT, soucieuse de ne pas laisser le monopole de l'information à l'ORTF (Office de la radiodiffusion-télévision française), alors aux ordres du pouvoir.

Le 17 mai s'ouvre la Conférence nationale de la jeunesse, à Pantin, où je me rends pour déclarer : « Si vous tenez à jouer votre rôle de militants CGT dans la lutte qui s'étend, hâtez-vous de regagner vos syndicats par le premier train. Selon les informations de mes camarades de la Fédération des cheminots, demain, la circulation ferroviaire sera probablement stoppée. » Peu après, j'annonce à la direction du PCF que nous allons vers une grève générale illimitée. Le scepticisme qui accueille cette nouvelle me laisse perplexe et me donne à penser que, ces jours derniers, je n'ai sans doute pas été assez disponible pour faire part à mes camarades de l'évolution rapide du mouvement social en cours.

En moins d'une semaine, la France est paralysée. *Le Figaro* titre : « Le mouvement ouvrier prend désormais le pas sur l'agitation. » Ce quotidien qualifie d'« agitation » le mouvement étudiant qui, parallèlement à celui des travailleurs, s'est généralisé dans tous les centres universitaires. Au cours d'une conférence de presse, je déclare que « l'intervention de la grande force tranquille » qu'est la classe ouvrière est l'événement majeur du mouvement – l'expression « force tranquille » fera ensuite carrière...

Le gouvernement et les dirigeants du patronat, qui ont juré de ne pas céder aux pressions de la rue, découvrent que la négociation avec les syndicats devient urgente. Ils nous invitent donc à une rencontre tripartite (gouvernement, patronat, syndicats) au ministère du Travail, rue de Grenelle. Dans certains milieux d'extrême gauche, une telle concertation soulève un tollé qui se résume en deux mots : « Négociation : trahison. »

Le 20 mai, lors d'une entrevue au siège de la CGT avec les représentants de la FGDS (Fédération de la gauche démocrate et socialiste, ancienne appellation du parti socialiste), cette question est abordée. François Mitterrand ne nous cache pas sa crainte que notre participation à cette négociation permette au pouvoir de rattraper une partie de son discrédit. Il pense aussi qu'il ne sera pas facile de réduire la durée légale du travail à quarante heures et d'élever le SMIG (salaire minimal interprofessionnel garanti, déterminé par la loi, aujourd'hui appelé SMIC, salaire minimal interprofessionnel de croissance) à 600 francs par mois, comme la CGT le revendique. Enfin, nous insistons sur la nécessité d'une union de la gauche autour d'un programme commun incluant les revendications des grévistes, mais cette perspective lui paraît très hasardeuse, en raison de la complexité politique du moment.

Au nom de la délégation de la CGT, je réponds : « Nous faillirions à nos prérogatives syndicales indépendantes si nous nous dérobions aux négociations sociales prêtes à s'ouvrir sous la pression de la grève générale et du rapport de force favorable aux travailleurs. Votre suggestion de modérer nos revendications d'augmentation des salaires et de réduction de la durée du travail nous semble inspirée par l'hypothèse de votre prochaine accession au pouvoir. Or, nous n'en sommes pas encore là et, pour l'heure, nous attendons surtout de vous le meilleur soutien possible à notre lutte et à nos revendications. »

Dans mon livre *Le Mai de la CGT*, paru en octobre 1972, je relate cette rencontre en exprimant mon opinion sur l'attitude de nos interlocuteurs de la FGDS : « Persuadés d'accéder au pouvoir, ils craignaient que l'union, en rendant crédible une alternative politique de gauche sous la pression d'un puissant mouvement social conduit par la CGT, ne les oblige à des concessions supérieures aux limites qu'ils préféraient ne pas dépasser. » À cette époque, je communique cet extrait à mes amis communistes, au moment où ils mettent au point le contenu du Programme commun avec le parti socialiste et les radicaux de gauche. Leur réaction : cette constatation « très critique risque de perturber négativement la sérénité de nos discussions et d'en compromettre les résultats. Il vaudrait peut-être mieux la retirer de ton livre. » J'accepte alors cette objection par souci unitaire. Mais aujourd'hui, le recul me permet de communiquer mon opinion en toute quiétude.

Le 25 mai, à 15 heures, s'ouvre la négociation de Grenelle, sous la présidence du Premier ministre Georges Pompidou. On trouvera dans *Le Mai de la CGT* le compte rendu de cette négociation et le contenu du « constat de Grenelle », dont j'expliquerai bientôt la signification. Je m'en tiendrai donc ici à quelques aspects précis de cette négociation, et tout d'abord au plus inattendu. Notre revendication : le passage du SMIG à 600 francs par mois, soit une augmentation de 35 %. Jusqu'ici, le gouvernement et le CNPF (Conseil national du patronat français, le Medef de l'époque) n'ont fait que clamer leur opposition absolue à cette hausse, qu'ils jugent insensée. La plupart des médias ont fait chorus. Nous sommes taxés de démagogues, accusés de vouloir entraîner le pays dans une catastrophe économique au profit de l'étranger, etc.

Pourtant, dès les premières minutes de l'entrevue, cette augmentation est décidée unanimement. La démentielle utopie devient soudain réalité, sans que l'économie nationale n'en souffre le moins du monde. La croissance du pouvoir d'achat des salariés qu'elle entraîne est en effet favorable à celle des « Trente Glorieuses », ces guillemets soulignant juste que ces trois décennies ne furent pas aussi glorieuses sur le plan social.

En tout cas, avant l'ouverture de Grenelle, Georges Pompidou tient à converser personnellement avec les délégués de chaque organisation syndicale. Voici le résumé de son propos : « Inutile avec vous de tourner autour des sujets dont nous allons discuter. Je sais les responsabilités que vous assumez dans ce conflit, mais je me dois d'attirer votre attention sur une question dont nous ne parlerons pas en séance. La politique extérieure du général de Gaulle a de nombreux ennemis, y compris parmi ceux que vous souhaitez avoir comme alliés. Ils espèrent, à la faveur des événements dont la France est actuellement le théâtre, rétablir le cours atlantiste de la IVe République – c'est-à-dire réintégrer l'Organisation du traité de l'Atlantique Nord, l'OTAN, dont de Gaulle a retiré la France. Ce point cristallise l'essentiel de la situation présente. J'ai la conviction que vous n'y êtes pas insensible. Pour ma part, je puis vous assurer que je préférerais être simple fonctionnaire d'un gouvernement communiste que Premier ministre d'une France dominée par les Américains. »

Nous sommes quelque peu interloqués par cette déclaration à laquelle nous répondons : « Nous ne sommes certes pas indifférents à l'orientation de la politique extérieure de la France. Mais la grève en cours ne concerne pas cette question et aucune pression politique ne saurait modérer nos exigences revendicatives. »

Après vingt-cinq heures de débats, durant lesquels les représentants du gouvernement et du patronat se sont surtout adressés à ceux de la CGT, la négociation de Grenelle s'achève le 27 mai à 8 heures du matin, sans que le sujet initial du conflit ait été réellement abordé. Il s'agit bien sûr des ordonnances anti-Sécurité sociale, dont seule la CGT exige en vain l'abrogation.

Le gouvernement, en accord avec le patronat, soumet aux participants un texte mentionnant les décisions prises. Tout le monde est prêt à le signer, excepté la CGT. De notre point de vue, trop de questions importantes sont restées en suspens. Certains représentants d'autres organisations s'abstiennent alors prudemment de parapher ce texte. C'est pourquoi cette négociation de Grenelle ne s'achève pas sur un « accord » mais sur un « constat ».

En fait, outre la raison invoquée en séance pour refuser cette signature, nous n'avons pas intérêt à donner l'impression que cette rencontre aboutit à la résolution du conflit. La grève est à son paroxysme et elle peut permettre d'exercer une pression considérable sur les négociations par branches professionnelles qui vont se tenir dans le prolongement de Grenelle. Lorsque nous nous retrouvons sur le palier du ministère du Travail, le Premier ministre m'aborde et m'interroge devant les correspondants de médias impatients de transmettre les dernières informations.

« Allez-vous appeler à la reprise du travail ?

— De même que nous n'avons pas lancé de mot d'ordre de grève, nous ne lancerons pas d'appel à la reprise. L'arrêt de travail a été partout décidé démocratiquement par les travailleurs eux-mêmes. Nous allons les informer très objectivement du contenu de nos négociations et ils décideront s'il y a lieu d'arrêter la grève ou de la poursuivre. »

Ce matin-là, je dois rendre visite aux grévistes de Citroën. Mais au tout dernier moment, il est décidé que j'irai à Billancourt, chez Renault, pour rendre compte de la négociation. Durant le court trajet qui sépare la rue de Grenelle de la régie, je n'ai pas le temps de préparer un exposé mûrement réfléchi et je suis contraint d'improviser. Le mieux est encore de présenter un rapport objectif du constat, qui n'est pas encore publié. Je dois donc faire état des points sur lesquels l'intransigeance gouvernementale et patronale n'a pas permis de trouver de solution positive, tout en soulignant les succès obtenus.

En arrivant à Billancourt, j'apprends que les vingt mille travailleurs rassemblés dans l'usine, après avoir entendu sur leurs transistors mes déclarations à la sortie de Grenelle, ont décidé unanimement de poursuivre la grève. Cela ne change rien à ma détermination : rester objectif, évoquer aussi bien les aspects positifs que les points négatifs. Résultat : le positif est applaudi, ovationné, le négatif hué, conspué.

Croyant tenir le scoop de sa vie, un journaliste présent sur les lieux, suisse paraît-il, se précipite au téléphone et lance : « Séguy sifflé à Billancourt. » D'aucuns, manifestement peu craintifs du ridicule, se saisissent de cette info canular pour affirmer que la CGT, impatiente de liquider une grève qui lui échappe, n'a pas hésité à choisir Renault pour inciter à la reprise du travail. L'absurdité de tels propos ne trompe personne ! La grève continue d'engranger, jusqu'au début de juin, une somme d'avancées sociales sans précédent.

Alors que se poursuivent les négociations par branches professionnelles, un vent de panique perturbe le monde politique le 29 mai : de Gaulle a disparu. Mitterrand annonce la création d'un gouvernement provisoire sous sa direction. Mendès France se déclare également disponible et se rend à un rassemblement organisé au stade Charléty, où dominent ces cris : « Négociations : trahison ; Séguy, démission. »

En ce 29 mai, la CGT manifeste. Certaines rumeurs, bien entendu infondées, suspectent notre syndicat de vouloir s'emparer de l'Élysée. Alors que notre cortège se disperse à la gare Saint-Lazare, où il salue nos amis cheminots en grève, des mouvements de troupes sont observés en banlieue.

De Gaulle refait surface le 30. Il est allé rendre visite au général Massu, à Baden-Baden, en Allemagne. Dans une allocution télévisée, il déclare solennellement : « Je ne me retirerai pas. Je ferai face au coup de force communiste. » Dans les différents milieux politiques de droite et de gauche, la confusion règne.

Une importante manifestation de droite remonte les Champs-Élysées. L'Assemblée nationale est dissoute, et les élections législatives anticipées redonnent une confortable majorité au pouvoir gaulliste. La division syndicale et politique, ainsi que la médiatisation outrancière de la violence à Paris, ont apeuré une importante partie de l'opinion publique, surtout parmi les classes moyennes urbaines et rurales qui ont jugé prudent de suivre à nouveau de Gaulle.

Si, comme la CGT n'a cessé de le proposer, la gauche s'était unie et avait pris l'engagement d'une alternative en correspondance avec les aspirations des travailleurs et des étudiants, je pense qu'elle aurait pu remporter les élections législatives. Une fois de plus, la division a profité à la droite.

Voilà donc les principaux épisodes clés de cette période capitale, tels que je les ai vécus. Ils méritent cependant quelques éclaircissements. Parmi les événements ayant marqué ces quarante dernières années, rares sont ceux qui continuent à susciter autant d'intérêt et de controverse que Mai 68. Un fait incontestable et quasiment incontesté explique l'importance de l'événement et l'attrait qu'il représente : la paralysie de la France par une grève générale, pendant plus de deux semaines !

Je souhaite aussi revenir sur l'une de ces controverses, déjà évoquée et qui alimente toujours les discussions. Qui fut à l'origine de ce mémorable printemps : les étudiants ou les travailleurs ? J'ai toujours pensé que ce genre de questions brouillait les pistes. En effet, cette interrogation ne permet pas de comprendre la réalité vécue par les mondes universitaire et ouvrier au cours des deux années précédant le conflit, ni d'appréhender pourquoi la politique de droite ultraconservatrice a fait l'objet d'une telle résistance.

L'intransigeance d'une coalition droitière gouvernementale et patronale est en effet à l'origine de ce commun mécontentement fondé sur des revendications distinctes : d'une part, la modernisation de l'Université ; d'autre part, l'amélioration des conditions de travail. Les luttes estudiantines et professionnelles ne cessent de s'épauler, de se stimuler réciproquement. La solidarité s'exprime dans une identique volonté de vaincre l'autoritarisme d'État responsable d'une stagnation de la société, bloquée par toutes sortes d'interdits, de discriminations et de tabous.

Par-delà les différences, les revendications de chacun étaient bel et bien motivées par une aspiration commune : bousculer tous ces archaïsmes et promouvoir un vrai renouveau, un environnement pétri de liberté, de progrès social et culturel. Contrairement à ce qui est avancé dans certaines analyses réductrices, il n'y a pas eu deux Mai 68, celui des étudiants et celui des travailleurs, mais un même phénomène de résistance à l'injustice, d'envie de travailler et de vivre autrement, qui s'est manifesté par l'exaspération et la révolte. L'adage : « Dix ans, ça suffit » traduit bien cet état d'esprit.

Ce constat étant clair, une autre question vient souvent à l'esprit : l'explosion sociale qui paralysa la France dès le mois de mai aurait-elle éclaté si le monde étudiant n'avait pas bataillé ? Sur ce point, ma conviction est faite depuis longtemps : la violence de la répression policière contre ces jeunes suscita à leur égard une vive sympathie populaire, souleva une certaine émotion et une profonde indignation, exprimées massivement au cours de la puissante riposte du 13 mai. Ce jour précipita les événements. La tragédie de la rue Gay-Lussac fut incontestablement l'étincelle qui mit le feu aux poudres. Mais je reste également convaincu que, la détermination ouvrière continuant à produire de plus en plus de poudre, l'explosion à brève échéance était inévitable.

Une autre question m'a souvent été posée et m'a donné à réfléchir. Comment expliquer l'altération des relations CGT-Unef au début du mouvement, alors qu'elles étaient excellentes auparavant ? J'ai souligné, en début de chapitre, combien l'influence de la mouvance dite « gauchiste » sur la direction de l'Unef fut néfaste à la vocation syndicale de cette dernière. Dans le feu de la lutte, nous ne fûmes pas tellement gênés par ces conceptions idéologiques multi, ultra ou pseudo-révolutionnaires. En revanche, les moyens d'action préconisés par les « gauchistes » nous préoccupèrent : « Brisons les moyens de production du patronat, occupons l'ORTF, assiégeons l'Assemblée nationale, prenons d'assaut la Bourse, ce sanctuaire du capitalisme, etc. »

La médiatisation de ces mots d'ordre plus que scabreux, notre détermination à y faire face avec la conscience que la grève avec occupation nous rendait responsables de la sécurité des lieux et de l'outil de travail, nous conduisirent à une erreur d'appréciation. Nous fondant sur ce que nous vivions en région parisienne, nous prêtâmes à l'ensemble du mouvement étudiant français une propension à l'extrémisme. Une observation plus attentive de ce qui se passait en province nous aurait incités à une analyse plus approfondie : dans leur grande majorité, les étudiants en lutte faisaient preuve d'une grande générosité, d'une réelle volonté de rejet d'un système conservateur et d'un sincère attachement à la solidarité avec les travailleurs. Étant à cette époque le premier dirigeant de la CGT, je reconnais aujourd'hui avoir été le principal responsable de cette insuffisance d'analyse rapidement corrigée.

Quarante ans après, Mai 68 reste – aussi bien pour ceux qui l'ont vécu en tant qu'étudiants et qui sont aujourd'hui proches de la retraite que pour les salariés, toujours heureux de parler aux jeunes des moments les plus mémorables de leur passé – une extraordinaire bouffée d'espérance durant laquelle l'impossible semblait pouvoir triompher.

Si toutes les tentatives d'en faire disparaître la signification ont échoué, c'est en raison de l'empreinte profonde laissée par cet événement dans la mémoire collective et des valeurs novatrices qu'il a fait émerger dans les domaines social, politique, féministe, culturel et même spirituel... Des valeurs dont Nicolas Sarkozy ne veut plus entendre parler, tant elles lui paraissent négatives et absolument incompatibles avec l'Europe qu'il contribue à prôner dans le cadre de la mondialisation capitaliste. Par ses mots et son action, l'actuel président ne vise pas seulement le social, il a aussi pour ambition de s'attaquer au domaine culturel.

Le grand patronat, encore traumatisé par cette maudite grève accompagnée d'une occupation des entreprises, ne reste pas passif. Si j'ai regretté que la CGT ait tardé à tirer les enseignements de cette épopée syndicale, il n'en a pas été de même pour le CNPF qui, aussitôt après le succès de la droite aux élections législatives du mois de juin 1968, s'est mis à réfléchir aux meilleurs moyens de prévenir désormais ce genre de conflit catastrophique.

En premier lieu, il décide d'éliminer de son titre le mot « patronat », réputé trop dominateur et profiteur, pour le remplacer par « chef d'entreprise », d'où la substitution du CNPF en Medef. Ses débats internes sur les nécessaires adaptations du management des « ressources humaines » mériteraient d'être explorés dans un livre entier. À ces occasions, on épilogue sur les vertus de « l'esprit maison », fondé sur la communauté d'intérêts entre patrons et personnels. On crée le système des primes personnelles et des stock-options, afin d'individualiser les salariés et donc de les diviser. Tout cela se fait dans un but inavoué, mais évident : démontrer que la fameuse pensée de Marx sur l'antagonisme capital-travail est définitivement révolue et qu'il vaut mieux plaire au patron que de se syndiquer. C'est d'ailleurs cet esprit qui prévaut désormais dans les entreprises.

La réussite la plus spectaculaire du Medef est d'avoir qualifié les représentants du patronat et des travailleurs de « partenaires sociaux ». C'est, à mes yeux, le comble de la langue de bois ! « Partenaire », dont le synonyme le plus proche en bon français est « associé », signifie : uni par des objectifs et intérêts communs, tels que le partage loyal de la gestion de l'entreprise, de ses bénéfices, des subventions qui lui sont octroyées par l'État, l'accord pour les investissements et la diminution du coût de travail. Il serait intéressant que le Medef nous renseigne sur le nombre d'entreprises pratiquant ce type de « partenariat »…

Ce rappel des faits significatifs d'une période profondément perturbée montre à quel point Mai 68 a été lourd de répercussions et pourquoi il reste, quarante ans après, non pas un souvenir mais un grand événement, riche d'enseignements pour le présent et le futur. Dans tous les domaines, ce qui ne demandait qu'à fleurir bourgeonna, mais ne put aller jusqu'à l'éclosion.

Aujourd'hui, les raisons de résister à l'injustice, à la régression sociale, à l'obscurantisme de la classe dominante subsistent. L'espérance de changement et de vie nouvelle s'exprime à nouveau, surtout au sein de la jeunesse. Alors oui ! les idées novatrices de Mai 68 n'ont pas pris une ride. Elles sont restées d'actualité. Les bourgeons d'hier sont encore prêts à fleurir pour embellir la vie de demain. Et c'est avec un réel plaisir qu'au cours de la bataille contre le CPE (contrat première embauche), j'ai entendu de jeunes manifestants clamer : « Si ça continue, nous ferons notre Mai 1968 ! »

La démocratie syndicale après Mai 68

Quarante ans après, Mai 68 reste gravé dans les mémoires comme un merveilleux moment, en premier lieu pour les dix millions de grévistes dont les plus jeunes ont aujourd'hui atteint l'âge de la retraite. Les étudiants de toutes les universités, malgré les turbulences en tout genre, sont eux aussi restés fidèles à l'esprit dominant de ce printemps, un esprit que l'on peut résumer en ces quelques mots : vive la solidarité des étudiants et des travailleurs. Enfin, ce mois de mai demeure fondamental pour les féministes, auparavant dénigrées et refoulées, et pour les intellectuels progressistes, qui ont alors pu exprimer ouvertement leurs idées novatrices.

Bref, pour tous les citoyens qui aspirent toujours à une évolution de la société vers le progrès social, la liberté et la paix, ce mois si particulier ne peut être effacé. Seules la minorité conservatrice politicienne et les élites patronales ont gardé un très mauvais souvenir de cette période et ne veulent plus en entendre parler. Elles savent pertinemment quelle importance historique revêt Mai 68, et ce, non pas en raison des violences policières du Quartier latin, mais de la grève générale qui a mobilisé les dix millions de salariés évoqués ci-dessus.

Ce mois de mai ne m'a pas seulement passionné, il m'a impressionné. D'une part, le bilan revendicatif des négociations de Grenelle et de celles qui les ont prolongées fut considérable. On assista à un brusque changement de rapports des forces, qui rendit le gouvernement et le patronat compréhensifs. D'autre part, je fus épaté par l'engagement de ces millions de salariés désorganisés et dépourvus de syndicat.

Avant Mai 68, la CGT comptait 2,5 millions de syndiqués dans le secteur public et nationalisé, ainsi que dans certaines grandes sociétés du privé. Dans de nombreuses petites et moyennes entreprises, le syndicat n'existait pas. L'aptitude autogestionnaire déjà évoquée, le mouvement de lutte initié sans mot d'ordre national de grève nous donnèrent à réfléchir. Cette expérience concrète de démocratie ouvrière et syndicale apparut comme un brillant contre-exemple de la thèse ultrarévolutionnaire née au début du XXe siècle à la CGT, selon laquelle une bonne grève générale serait le meilleur moyen de nous débarrasser du capitalisme.

Au final, la CGT enregistra deux cent mille adhérents pendant la grève et cent mille par la suite. Avec 2,8 millions de syndiqués, nous nous fixâmes même l'objectif d'atteindre les trois millions avant la fin de l'année 1968. Nous devions tirer des enseignements de ce vaste élan social, afin d'asseoir notre réflexion sur l'avenir du syndicalisme. Il nous fallait désormais interroger les différents aspects de nos pratiques habituelles. Le fait de choisir des cadres selon leur appartenance politique était-il une bonne chose ? N'était-il pas nécessaire de transformer notre fonctionnement, nos structures, nos méthodes de communication et de consultation des travailleurs ? Ne fallait-il pas accorder une plus grande place aux syndiqués et permettre à toutes les bonnes volontés d'accéder à toutes les responsabilités, sans distinction de sensibilités politiques, religieuses ou ethniques ? Nous nous réclamions d'un syndicalisme indépendant, démocratique, de masse et de classe. Mais n'avions-nous pas de sérieux efforts à fournir pour que ces idées ne demeurent pas à l'état de vœu pieux ?

Pour débattre de ces thèmes, le Comité confédéral national (CCN), constitué des secrétaires généraux des fédérations et des unions départementales, se réunit exceptionnellement à l'île de Ré, les 4 et 5 mai 1971. Lors de cette session, je propose, dans mon rapport introductif, de reconnaître l'évolution qui s'est produite durant le printemps 1968 et dont il faut tirer les leçons. En voici deux extraits significatifs : « Il ne suffit pas d'être convaincu des vertus de la démocratie syndicale pour qu'elle porte ses fruits, il faut lutter d'arrache-pied pour en organiser l'application partout [...]. Il faut que soient bousculés les routines paralysantes, les habitudes, le formalisme déprimant et surtout que soit combattue systématiquement la vieille idée sectaire selon laquelle la qualité est préférable à la quantité [...]. Nous ne prétendons pas être les dépositaires uniques et universels de la vérité, qui auraient reçu la mission de penser à la place des autres. » Je pense que cette argumentation plutôt incisive peut donner lieu à une discussion approfondie. Mais il est encore trop tôt. La réflexion n'est pas encore mûre, et la remise en cause de nos défauts reste hésitante. Nous décidons de poursuivre le débat au prochain congrès confédéral.

Lors de ce 38e congrès, qui se déroule à Nîmes en avril 1972, la proposition de rassembler toutes les énergies et les volontés sur un front commun – quelles que soient les sensibilités de chacun – est l'un des sujets majeurs des délibérations. Notre déception de n'avoir pas réussi, en Mai 68, à convaincre les partis de gauche de s'entendre sur un programme commun, seule solution susceptible de rendre crédible une alternative progressiste, ne nous a pas fait renoncer.

Deux mois plus tard, notre souhait est exaucé ! Le 27 juin 1972, le PCF, le PS et le MRG (Mouvement des radicaux de gauche) annoncent solennellement leur accord sur un programme commun de gouvernement. L'événement est d'importance ; il est largement commenté.

Le 10 juillet, la CGT réunit sa commission exécutive, autre organe de direction du bureau confédéral. L'appréciation de ce document unitaire est unanime, claire et nette : « La CGT considère que son contenu correspond à l'essentiel de ses propres préoccupations, aux objectifs de programme confédéral. L'ensemble des revendications sociales des travailleurs communes aux organisations syndicales est pris en compte [...]. Il crée une situation nouvelle, il offre l'issue démocratique qui a tant fait défaut dans le passé et ouvre la perspective du changement réel pour les travailleurs. »

Plus qu'une simple approbation, cette déclaration est un soutien sous réserve. Il faut bien garder en mémoire ce point, afin de mieux cerner les réactions des partis de gauche et de la CGT qui auront cours, lorsque, cinq ans plus tard, interviendra la rupture du programme commun. J'y reviendrai. Auparavant, je souhaite clarifier une autre période de ma vie militante.

Autour d'une affiliation : la Fédération syndicale mondiale

En 1970, je suis élu au bureau de la Fédération syndicale mondiale (FSM) et remplace de nouveau Benoît Frachon. Née en France au lendemain de la Seconde Guerre mondiale, la FSM se destine d'abord à la poursuite de la lutte antinazie. Après avoir éclaté en 1947 à la suite de diverses tensions, elle ne rassemble plus, en Europe occidentale, que la CGT et la CGIL italienne (Confederazione generale italiana del lavoro), auxquelles s'ajoutent les syndicats d'Europe de l'Est.

N'ayant jamais siégé à la FSM, je suis totalement néophyte dans cet organisme international, dont l'orientation et les activités ne sont guère discutées au sein du bureau de la CGT. Le secrétaire général, mon camarade Pierre Gensous, militant de la Fédération de la métallurgie, m'aide à me familiariser avec les mœurs de cette instance qui réunit les principaux dirigeants des centrales syndicales européennes et africaines adhérentes.

Dès le début, je constate que l'intervention soviétique en Tchécoslovaquie, en août 1968, a laissé des traces. Des divergences subsistent entre ceux qui l'ont condamnée, comme la CGT (de même que le PCF), et ceux qui l'ont approuvée, sinon soutenue, c'est-à-dire les représentants des pays liés par le pacte de Varsovie, largement majoritaires. La minorité, composée essentiellement des deux centrales des pays capitalistes d'Europe occidentale que sont la CGT et la CGIL, constitue une opposition sans grandes perspectives. D'ailleurs, à partir de 1969, la CGIL décide de considérablement réduire son engagement.

Un jour, à l'occasion d'une conversation intime, l'un des dirigeants syndicaux de cette communauté dite « socialiste », avoue : « Je sais que vous avez raison, mais il m'est impossible de le déclarer. » Cette réalité place la CGT et la CGIL dans une situation délicate. Nous exprimons une position ou une opposition concertée et commune, sans toutefois parvenir à faire admettre à nos interlocuteurs le changement d'orientation nécessaire à l'indépendance et à l'autonomie d'action de la FSM.

À la demande de notre syndicat des marins, nous demandons à la FSM de condamner l'utilisation des pavillons de complaisance dans la marine marchande, au nom du respect des droits du travail de cette corporation, de sa sécurité et, bien sûr, de la solidarité ouvrière internationale. La réticence à laquelle se heurte notre requête, puis le refus catégorique de la FSM s'expliquent uniquement parce que les autorités soviétiques ont recours à cette pratique inadmissible.

En conséquence, après le départ effectif de nos amis italiens de la FSM, en mars 1978, se pose la question de notre affiliation internationale. Subordonné à un parti unique et à la raison d'État, le Conseil central des syndicats soviétiques exerce en effet une domination dont il faut tirer les conclusions. Nous demandons alors notre adhésion à la Confédération européenne des syndicats (CES), fondée en 1969 et dont la CGIL fait partie depuis 1974. La plupart des dirigeants de cette organisation estiment cependant que la double appartenance à la CES et à la FSM est inacceptable. Notre présence à la FSM hypothèque évidemment nos prérogatives au sein du mouvement syndical d'Europe occidentale. Il est urgent de prendre les mesures qui s'imposent.

Dans cet esprit et en tant que membre du bureau de la FSM, je fais de mon mieux pour que les instances dirigeantes de la CGT soient correctement informées sur cette affaire et puissent y réfléchir en toute connaissance de cause. La question de notre retrait de la FSM n'est plus débattue par la seule direction de la CGT (en l'occurrence le sommet confédéral), elle est aussi ouvertement discutée à l'intérieur de la confédération. Les avis étant partagés, nous optons pour une explication publique, à l'occasion du IXe congrès de la FSM, qui se tient à Prague en avril 1978.

Lors de mon intervention, je critique les liens organiques entre les syndicats et les partis uniques des pays de l'Est, ainsi que leurs effets négatifs sur la FSM, qui se trouve ainsi privée d'indépendance. En outre, je déplore que le droit de grève ne soit pas reconnu dans ces mêmes pays. Enfin, nous rencontrons discrètement, sans pour autant nous cacher, les représentants de la charte de 1977. Cette organisation à demi clandestine s'oppose au pouvoir tchécoslovaque en place. Ce dernier la voue bien sûr aux gémonies. Tout cela me vaut d'acerbes critiques confinant à l'insulte, mais nous partons satisfaits. Nous avons réussi à soulever, pour la première fois dans un congrès de la FSM, un débat public sur les motifs de nos désaccords, dont la presse occidentale va certainement rendre compte.

Cette dénonciation de pratiques incompatibles avec notre conception du syndicalisme passe sur la FSM et sa majorité politique comme un orage sans conséquence. Convaincu que cette situation ne peut qu'empirer, je refuse de participer au Xe congrès, qui doit se dérouler en février 1982 à La Havane. De fait, la réaffirmation de nos positions n'y change rien. « Sachons garder l'espoir ! », déclare en substance la délégation de la CGT à son retour de Cuba.

Cet espoir, notre syndicat l'entretient en vain jusqu'à son 45e congrès de 1995, où sa désaffiliation de la FSM – laquelle se résume désormais à une poignée de syndicats très peu représentatifs – est enfin votée. Quatre ans plus tard, la première centrale syndicale française fait son entrée à la CES en qualité de membre à part entière. Une page est enfin tournée ! Je pense qu'elle aurait dû l'être au moins six ans auparavant, pour le bien de la CGT. En effet, depuis mon élection aux fonctions de secrétaire général, cette affiliation internationale a été le premier sujet de flagrant désaccord auquel la direction confédérale a dû faire face.

La rupture du programme commun

Avant d'en arriver aux conséquences de la rupture de l'accord PCF-PS sur le Programme commun, je voudrais évoquer une anecdote peu connue mais assez originale, dont je fus involontairement le personnage principal.

Invité en 1977 par l'UGTA (Union générale des travailleurs algériens, ancienne CGT algérienne), je fais partie d'une délégation présente en Algérie au moment où je passe le cap de mon cinquantième anniversaire, à la mi-mars. Alors que nous échangeons nos informations au siège de l'UGTA, à Alger, la porte de la salle de réunion s'ouvre brusquement. Un camarade algérien entre et me tend le papier qu'il tient à la main : « C'est pour toi, Georges. Avec mes félicitations », me dit-il. Il s'agit d'une dépêche de l'Agence France Presse (AFP) dont j'ai gardé en mémoire le texte étonnant : « Le Soviet suprême de l'URSS vient de décerner l'ordre de la révolution d'Octobre à Monsieur Georges Séguy, secrétaire général de la CGT. »

Renseignements pris, il s'avère que cette distinction, décidée à l'occasion de mon anniversaire, rend hommage à ma vie militante. Il est même question d'organiser à cet effet une réception à l'ambassade d'URSS à Paris, où me sera remise publiquement cette décoration inattendue dont je ne connais même pas l'existence.

Cette soudaine sollicitude à mon égard, sans que j'aie été consulté ou préalablement informé, me laisse quelque peu perplexe, d'autant qu'à cette époque les relations entre le PCF et le PCUS traversent une sérieuse crise, liée à de profondes divergences politiques et idéologiques. Ces rapports sont si exécrables qu'un haut responsable de la direction soviétique vient alors justement d'adresser à chaque membre du comité central français une lettre accusant la direction du PCF des pires infidélités à la cause révolutionnaire.

Il est clair que, dans un tel climat de tension, la remise publique de cette décoration relève de la diversion politique préméditée. Elle est destinée au secrétaire général de la CGT, de surcroît membre du bureau politique du PCF, alors que le reste de la direction du parti fait, dans le même temps, l'objet d'un dénigrement. Je décline donc poliment cette offre. *L'Humanité* ne fait aucune communication à ce propos. *Le Figaro*, seul journal à avoir annoncé la nouvelle, est aussi le seul à annoncer mon refus, sans commentaire.

Mais l'histoire ne s'arrête pas là. Cinq ans plus tard, alors que je dois me rendre en délégation syndicale en URSS, un vieil ami russe, proche de Gorbatchev, me prévient :

« Je viens d'apprendre que tu dois prochainement passer à Moscou. Sais-tu que nous conservons depuis cinq ans ta médaille au frigo ? Nous aimerions bien que tu acceptes de l'emporter à cette occasion.

— D'accord, réponds-je, mais à condition que cela se passe le plus discrètement possible. Sans la presse, la radio ou la télé. »

Au Kremlin, notre délégation et quelques amis soviétiques écoutent le discours de félicitations que prononce un vice-président du Soviet suprême, après m'avoir donné cette fameuse décoration. Mais il ne fait que lire le texte écrit cinq ans auparavant, de sorte qu'il me souhaite un bon cinquantième anniversaire alors que j'ai cinquante-cinq ans !

Mais revenons à l'année 1977. Le 22 septembre, la nouvelle tombe : le programme commun est rompu. Cet événement va rester dans l'histoire de l'union de la gauche comme l'une des heures les plus noires. Cette date s'avère lourde de déception pour le « peuple de gauche », qui était alors persuadé qu'une réelle perspective d'alternative politique progressiste était enfin devenue possible. Cette désillusion provoque aussi de profonds remous au sein de la CGT. Les militants estiment, de façon légitime, avoir fortement contribué à l'édification de ce large rassemblement que d'aucuns comparent au Front populaire de 1936 et qui est seul capable de promouvoir un véritable changement.

À vrai dire, depuis le 17 mai, cet échec semblait prévisible. Cette date marque en effet le début des négociations dites « d'actualisation des objectifs communs du programme ». Durant les premiers mois du second semestre de l'année 1977, une inquiétante accumulation de nuages assombrit le ciel de l'union de la gauche. On reproche aux socialistes de vouloir restreindre les nationalisations. Ce climat menaçant ne cesse de s'aggraver jusqu'à ce que l'orage éclate en ce 22 septembre.

Qui en est responsable ? Cette interrogation entraîne une vive polémique qui se cristallise, à la CGT, en trois opinions différentes. Approuvant leur parti, la plupart des communistes accusent le parti socialiste, tandis que les socialistes affirment exactement le contraire. La troisième voix à se faire entendre est celle de militants ayant une autre sensibilité politique. Partisans d'une attitude unitaire et indépendante, ils estiment que la CGT n'a pas à arbitrer ce conflit politique. Elle n'a qu'à regretter la rupture et confirmer son attachement au programme commun ainsi qu'à son contenu, lequel prévoit « des mesures de nationalisation assez étendues pour permettre à la société de disposer des leviers de commande indispensables au départ », comme la commission exécutive a tenu à le souligner le 10 juillet 1972.

Mais c'est précisément sur la question des nationalisations que se brise l'unité (surtout au sujet des filiales d'entreprises nationalisées), alors que ce point n'avait soulevé aucune objection durant l'épineuse élaboration du programme. Si, sur certains objectifs sociaux, des ajustements peuvent se concevoir, l'impératif d'actualisation ne paraît pas vraiment inéluctable, la situation économique n'ayant guère évolué depuis 1972.

Peu après cette rude crise, une idée fait surface et se banalise parmi les communistes : « Le programme commun était une erreur. » Elle entérine l'échec, sans en fournir la moindre explication ; je la conteste. Le contenu du texte n'est pas à l'origine de la faillite du Programme commun, ni l'attitude équivoque de Robert Fabre, représentant du MRG, accusé d'avoir servi d'agent de la division au profit du PS. La responsabilité revient aux stratégies des deux principaux partenaires, PCF et PS, motivés davantage par le bénéfice électoral de leur entente que par la sincère volonté d'aller jusqu'au bout de l'action commune qui aurait pu faire évoluer la société.

Après 1968, Mitterrand comprend qu'il ne sera jamais président de la République sans l'appui des communistes. Pour tranquilliser l'Internationale socialiste, inquiète de cette alliance insolite, il ne cache pas son but : « Réduire l'influence du Parti communiste français. » De son côté, la direction du PCF constate qu'au fil des diverses consultations électorales, le programme commun bénéficie surtout au parti socialiste. Elle cesse alors de qualifier cet accord majeur de « grand pas historique en avant », en minimisant de plus en plus son importance, au risque d'apparaître en retrait de l'unité.

En quelques mois, les relations entre communistes et socialistes au plan national passent ainsi de la cordialité à la rivalité conflictuelle. Une rivalité dont les retombées n'épargnent pas le syndicalisme. À la CGT, qui en subit les fâcheuses répercussions, une polémique partisane divise les militants. Les trois courants d'opinion qui se dessinent et que nous avons déjà évoqués ci-dessus portent préjudice à son équilibre et à son orientation unitaire et indépendante.

Par exemple, après la rupture du programme commun, le PCF prône l'abandon de tout accord au niveau de la direction des partis. Mais la CGT estime que l'unité d'action, effectuée du sommet à la base ou inversement, est utile, dès lors qu'elle est cohérente. Depuis 1968, cette position a fait la preuve de son réalisme et de son efficacité. La direction de la CGT nie alors l'existence de divergences internes opposant des tendances contraires. Pourtant, il faut bien le reconnaître, ces désaccords perdurent plusieurs mois, avant, pendant et après le 40e congrès, qui a lieu à Grenoble en décembre 1978.

Ce repli sur soi, qui consiste à reprocher aux alliés d'hier d'être les principaux responsables des difficultés d'aujourd'hui, me semble totalement contraire à la politique de débat menée depuis le Comité confédéral national (CCN) de l'île de Ré. Il m'apparaît indispensable de mettre les points sur les *i* à l'occasion de ce congrès.

Dès le début de l'année 1978, je consacre l'essentiel de mon temps à son élaboration. Je veux absolument présenter un rapport aussi fidèle que possible aux idées largement débattues au cours de la vaste discussion préparatoire. Je tiens aussi à préciser la signification des trois qualificatifs sous l'égide desquels se tiendra le congrès : « Audacieux, novateur, conquérant. » La CGT doit être à la hauteur de ses nouvelles responsabilités nationales, européennes et internationales, en toute indépendance.

Ce souci de précision et de clarté m'incite à présenter l'intégralité de mon rapport au CCN, réuni l'avant-veille. Il l'adopte à l'unanimité moins une voix, celle de mon camarade Henri Krasucki.

Lors du congrès, mon rapport est approuvé en séance plénière à plus de 92 % des mandats. Le besoin de perfectionner la démocratie et l'indépendance syndicales y est souligné. J'avance également une conception unitaire nouvelle : proposer aux autres centrales syndicales la création d'un Comité national d'action (CNA) et le lancement d'une campagne intersyndicale commune de recrutement, afin de faire face ensemble aux premiers signes de régression du taux de syndicalisme.

La plupart des dirigeants des autres confédérations sont persuadés que la CGT n'échappera pas à un déclin semblable à celui du parti communiste et je comprends aujourd'hui que l'audace de cette proposition ait pu inspirer une certaine perplexité. Pourtant, quand j'en parle à Eugène Descamps, qui a occupé le poste de secrétaire général de la CFDT avant d'en être évincé pour sa propension à favoriser l'unité d'action et à innover, il estime qu'une telle initiative serait loin de déplaire à ses militants, partisans d'une synergie plus permanente et plus indépendante.

Au moment où une partie de la gauche communiste taxe le programme commun d'erreur regrettable et stigmatise les accords de sommet, l'idée d'un Comité national d'unité d'action syndicale présente, à mon sens, un double intérêt : d'une part, résister à une conception restrictive de l'unité dont il faut lever plus haut le drapeau et, d'autre part, aller à l'encontre du « recentrage » antiunitaire opéré par la nouvelle direction de la CFDT à l'approche de son congrès. Dans un climat politique miné par la division et la concurrence électorales, cette idée m'est venue en m'inspirant d'une recommandation de mon illustre prédécesseur Benoît Frachon : « Quoi qu'il arrive, n'oublie surtout pas qu'il ne faut jamais jeter le drapeau de l'unité par-dessus bord. »

Lors des débats de Grenoble, diverses interventions critiques portent sur les rapports entre syndicats et partis et sur la pratique du cumul des mandats politiques et syndicaux. Dans ce cadre, il m'est reproché d'avoir soutenu publiquement la candidature de Georges Marchais à Gentilly, aux législatives de février 1978. Je ne pensais pas que cette initiative très personnelle puisse soulever tant de réprobation. À la réflexion, j'ai depuis admis la légitimité de ce reproche.

Quoi qu'il en soit, un an après ce 40e congrès, ont lieu les élections prud'homales. Les supputations sur le déclin de la CGT vont bon train. Certains commentaires prévoient même son écroulement. Le résultat met un terme à ces spéculations. Avec près de 43 % des voix, la CGT confirme son statut d'organisation syndicale de loin la plus représentative.

« En plaçant la bataille préparatoire des prud'hommes sous le signe de l'application des orientations du 40e congrès, nous avons atteint un intense degré d'activité syndicale tous azimuts qui devrait être le style permanent de notre travail syndical démocratique, proche des travailleurs et donc enrichissant à tous égards. » Cet extrait de ma déclaration faite au lendemain du scrutin exprime notre satisfaction des résultats obtenus, mais laisse aussi transparaître la nécessité de persévérer dans l'effort, afin de mettre en œuvre dans notre vie syndicale les décisions prises en congrès.

L'approbation de cette orientation par un vote largement majoritaire ne suffit pas à appliquer concrètement, et dans le quotidien, une conception novatrice d'un syndicalisme mieux adapté aux réalités, d'autant plus qu'une réticence interne et larvée s'y oppose. Le poids des votes du congrès a certes fortement atténué les différences de vue qui existaient avant l'assemblée. L'influence d'une stratégie politique en dents de scie continue cependant de peser sur la ligne d'ouverture unitaire qui s'est fait jour à la CGT. Je parle ici de l'attitude tantôt agressive, tantôt modérée du PCF qui, soit accuse le PS d'être responsable de tous les maux, soit noue avec lui des alliances à l'approche d'élections politiques. Cette stratégie électoraliste aboutit, entre autres, à l'accession de François Mitterrand au poste suprême.

Divergences et oppositions

L'élection de François Mitterrand à la présidence de la République, le 10 mai 1981, est saluée comme une victoire de la gauche. Mais elle n'ouvre pas de réelle perspective de réforme concrète de la société. Les travailleurs ont l'impression qu'il s'agit plus d'une alternance que d'une alternative. Si le Programme commun n'avait pas été abandonné quatre ans auparavant, il aurait pu permettre l'organisation d'une forte pression populaire exigeant son application.

L'entrée restreinte des communistes au gouvernement Mauroy place la CGT dans une situation nouvelle et, d'une certaine manière, assez délicate.

Une situation qui m'incite à déclarer lors d'une réunion de la direction de la CGT : « Nous avons toujours dit que l'indépendance syndicale et l'autonomie de l'action des syndicats est une condition majeure de la démocratie, quel que soit le contenu politique de l'État. » Ce rappel de principe ne plaît pas à tout le monde, mais il me semble néanmoins nécessaire, afin de prévenir tout malentendu.

En octobre 1981, une importante réunion du comité national de la CGT doit permettre de débattre d'un rapport présenté par Henri Krasucki sur la préparation du 41e congrès, prévu en juin 1982 à Lille. La discussion est marquée par de nombreuses interventions de militantes et militants, et non des moindres[1]. Ils expriment leur désaccord avec l'orientation de ce rapport, contraire à celle de Grenoble.

Leurs critiques portent sur le manquement à la démocratie, les décisions prises sans consultation des militants, le non-respect de l'indépendance et de l'autonomie syndicales, l'indifférence envers le féminisme. La promotion des diverses sensibilités politiques dans les responsabilités syndicales n'est, selon eux, pas encouragée. Parmi les autres points de désaccord figurent la tendance à renoncer à la critique engagée contre les systèmes des pays socialistes, la volonté d'appliquer les décisions au détriment de la persuasion, le silence entourant la divergence sur l'intervention soviétique en Afghanistan.

1. Les noms et le contenu de ces interventions figurent dans *Le Peuple*, n° 1117, 6 octobre 1981.

L'arrêt des émissions de Radio Lorraine Cœur d'Acier, issue des idées du 40e congrès, provoque aussi le mécontentement. Fondée à l'époque des « radios libres », cette station s'impose au moment où la sidérurgie traverse une crise profonde dans cette région. Malgré ma désapprobation et celle d'autres militants, décision est prise de mettre fin à son existence, sous le couvert de divergences d'opinion au sein de la radio.

Dernier grief à l'égard du rapport d'Henri Krasucki : le risque de mettre fin aux analyses et initiatives unitaires et novatrices du 40e congrès et de revenir en arrière. L'un des intervenants déclare même : « Plus que d'un 41e congrès, c'est d'un 40e congrès *bis* dont a besoin la CGT. »

En fait, aucune réponse ne sera apportée à ce flot de critiques. Elles seront tenues pour une opposition temporaire à la nouvelle orientation proposée. Mais cette brusque aggravation de la crise, qui atteint la direction nationale de la CGT, ne peut passer inaperçue. Donnant lieu à toutes sortes de commentaires médiatiques très négatifs, elle provoque de nombreux départs ou démissions de militants. La remise en cause des orientations du 40e congrès déçoit et consterne de nombreux adhérents.

Au cours de cette session du comité national, j'annonce publiquement et par écrit ma décision de ne pas renouveler ma candidature au prochain congrès. Je propose celle d'Henri Krasucki – la suite de mon témoignage précisera pourquoi et comment j'ai choisi cette solution.

Durant cette période, je suis la cible d'une sorte de harcèlement manifestement concerté, dont le but évident est de me convaincre de renoncer à l'application des décisions de Grenoble. Je sais que des réunions de responsables syndicaux communistes se tiennent à ce propos et que des collaborateurs du bureau confédéral sont invités à contribuer à cette pression. Je reçois plusieurs lettres personnelles de même inspiration, certaines très fraternelles, presque compatissantes, d'autres plus agressives et critiquant mon manque de clairvoyance politique. Toutes ont le même objectif : me ramener dans « le droit chemin ».

Excédé par ces sournoises correspondances, et ne sachant qui en est l'instigateur, je décide de protester par écrit et de porter ce texte à la connaissance de plusieurs dirigeants de la CGT qui ont également des responsabilités au sein du parti communiste. En voici l'extrait essentiel :

« J'ai reçu ces jours derniers plusieurs lettres [...]. La similitude du contenu de ces lettres me fait penser qu'elles ont été concertées ou sollicitées [...]. Je demande au ou aux camarades à l'origine de cette initiative ou ayant eu à en connaître l'existence de faire savoir aux intéressés que je ne répondrai pas à leur lettre, pour éviter une discussion par correspondance sur des sujets qui sont à débattre au sein de la CGT [...].

« Comme vous l'avez remarqué, je fais de mon mieux pour que tout se passe bien jusqu'au 41e congrès et j'entends persévérer dans cette attitude. Mais il faut bien comprendre que de telles pratiques peuvent provoquer une réaction de ma part de nature à compromettre le déroulement normal du processus de ma succession. Ici, nous sommes à un cheveu de l'incident. Moi aussi j'ai mon tempérament, ma personnalité et je ne suis pas prêt à me laisser amputer de ma liberté d'esprit. »

Aucun des destinataires de cette mise en garde ne me répond. Soucieux d'être « politiquement correct », je décide d'informer Georges Marchais, le secrétaire général du parti, de cette situation et de mes intentions. En vérité, il sait depuis longtemps, ainsi que la plupart des autres dirigeants du parti, que je me prépare à quitter mes responsabilités syndicales. Voici en substance les termes d'une conversation privée que nous avons eue dans le courant du mois de septembre 1981 :

« Comme tu le sais, en l'état actuel de crise politique au sein de la direction de la CGT, je m'apprête à passer le relais de secrétaire général à un autre dirigeant. Je pense qu'Henri Krasucki est mon successeur logique.

— Si tu veux connaître mon opinion de syndiqué CGT, sache que je ne suis pas d'accord avec cette succession. Il vaudrait mieux que tu renonces à partir et que tu continues au moins trois ans, jusqu'au congrès suivant.

— Pour que cette hypothèse soit envisageable, il faudrait m'assurer que le dénigrement en cours, qui tend à me discréditer et semble être d'inspiration communiste, soit stoppé et condamné, afin qu'il me soit possible de continuer à diriger la CGT conformément aux décisions de son 40e congrès.

— Je ne puis prendre l'engagement de mettre un terme à une chose dont je ne suis pas responsable. »

Telle est la conclusion de ma conversation avec mon camarade Georges Marchais. À propos de cet échange en tête à tête, je dois reconnaître qu'à ma connaissance, ni le bureau politique du parti communiste, ni son comité central n'ont exprimé la moindre critique des orientations du 40e congrès de la CGT. Celles-ci contrastent pourtant, en cette fin d'année 1981, avec celles du PCF.

De toute façon, comme tout cheminot respectueux de son régime particulier de retraite, j'ai depuis longtemps décidé de ne pas dépasser le cap de mon cinquante-cinquième anniversaire (âge ouvrant droit à la retraite à la SNCF) pour transmettre le flambeau à mon successeur. Pour être honnête, je suis même plutôt soulagé. En fait, je n'ai jamais été tout à fait à mon aise dans mes fonctions d'homme public, privé dans une large mesure de liberté individuelle.

Outre l'obligation d'accorder une certaine importance à ma tenue vestimentaire, la traque des journalistes et des paparazzis, l'impossibilité de prendre le métro, le train, l'avion sans être dévisagé, reconnu ou interpellé, les retombées parfois éprouvantes de ma notoriété sur nos trois enfants (qui essuient des critiques), les perturbations des obligations professionnelles sur la vie de famille sont pesantes. Tout cela m'est difficilement supportable, sans même parler d'un environnement souvent pollué par l'hypocrisie, la mauvaise foi ou la malveillance.

C'est donc sans regret et sans remords que je me prépare à laisser ma place et à me libérer du poids énorme de cette lourde responsabilité, assumée quinze années durant. Je désire désormais me consacrer plus paisiblement à la mise en place d'un Institut d'histoire sociale, dont la CGT a grand besoin et sur lequel je reviendrai.

À ce moment-là, je pense partir en 1982 en laissant à mes successeurs une CGT installée dans le nouvel immeuble moderne de Montreuil. J'ai déployé beaucoup d'énergie pour permettre à ce projet de voir le jour. Quelques rares camarades étaient en effet hostiles à cette réalisation et désireux de rester au siège du 213, rue La Fayette, pourtant trop petit. J'espère aussi laisser à mon successeur une CGT en bonne santé, fière de maintenir, envers et contre tout, haut levé le drapeau de l'unité ; une CGT rajeunie, cohérente et résolument orientée vers un syndicalisme moderne, audacieux, novateur et conquérant. Hélas, la réalité de cette fin d'année 1981 n'est pas aussi harmonieuse que je l'avais imaginé. Mais il faut faire face.

Histoire d'une succession

J'ai toujours entretenu avec Henri Krasucki, ancien résistant et déporté, des relations fraternelles fondées sur la confiance et la franchise. Nous ne sommes pas d'accord sur tout, mais grâce à la discussion, nous parvenons en général à trouver la bonne solution. Il sait depuis longtemps que je vais quitter ma fonction de secrétaire général au plus tard en 1982. Je lui ai souvent parlé de mes possibles successeurs, en citant cinq ou six noms de militants plus jeunes et capables, selon moi, de me remplacer le moment venu. Selon lui, aucun d'entre eux ne sera à la hauteur d'une telle responsabilité.

Peu avant la réunion du comité national d'octobre 1981, au cours de laquelle j'annonce mon départ et avance sa candidature, nous avons, à ma demande, une discussion dans son bureau de *La Vie ouvrière*. En voici le résumé :

« Il est temps d'envisager quelle peut être la nouvelle candidature du nouveau secrétaire général, dis-je.

— Je le pense aussi.

— L'ennui, c'est que dans le climat de divergences et de crise de l'actuel bureau confédéral, il n'est pas possible de trouver en toute sérénité la solution susceptible de faire, sinon l'unanimité, au moins de réunir une large majorité.

— J'en conviens.

— Il nous faut donc réfléchir à l'issue la moins contestable possible. Je dois te le dire franchement : si l'actuel secrétaire général de la Fédération postale, Louis Viannet, était membre du bureau confédéral et du bureau politique, je proposerais d'emblée sa candidature. »

À cette époque, où les communistes sont très majoritaires au sein de la CGT, il est inconcevable qu'un secrétaire général n'appartienne pas aussi au BP. Tradition oblige !

« Je doute qu'il soit capable d'assumer cette fonction, me répond Krasucki. Mais puisque sa candidature, en l'état actuel des choses, ne peut être envisagée, il faut trouver une autre solution.

— Comme tu le sais, la plupart des membres du bureau confédéral et de nombreux autres militants souhaitent que je continue au moins jusqu'en 1985. C'est exclu, mais il ne serait pas très responsable de ma part dc partir en déclarant : "Débrouillez-vous, pour me trouver un remplaçant." Alors, j'ai une idée, mais il faut que tu sois d'accord.

— Laquelle ?

— Tu pourrais me remplacer. Tu as l'autorité et l'expérience suffisantes pour être un secrétaire général compétent. En revanche, il faudrait annoncer que tu n'assumeras pas cette fonction durant plus de trois ans, c'est-à-dire jusqu'au 42e congrès. Cela permettrait d'assurer une tran-sition logique entre la situation actuelle et le proche avenir.

— L'idée est bonne. Si la proposition vient de toi, elle pourra être acceptée. J'émets une seule réserve : je préférerais que le terme de "transition" ne soit pas mentionné, afin de prévenir toute tentative de déprécier le rôle du secrétaire général de la CGT. »

Tel est l'accord conclu entre Henri Krasucki et moi-même à la fin du mois de septembre 1981.

Deux semaines plus tard, au cours d'une réunion du bureau politique du PCF préparatoire au congrès communiste de février 1982, je demande à être remplacé au bureau politique par Louis Viannet. Cette proposition est acceptée à l'unanimité, à l'exception de l'opposition d'Henri Krasucki et d'une réserve émise par René Le Guen. Ce dernier aurait préféré que je sois remplacé par Jean-Claude Gayssot. Ce militant syndical a, depuis peu, été transféré du secteur « organisation » de la CGT à la section économique du comité central du parti, dont il est responsable. Connaissant Gayssot de longue date et n'ayant aucun doute sur ses qualités, je suis gêné de soutenir une candidature qui, du même coup, écarte la sienne.

Aussi je propose au bureau politique d'élire les deux candidats Louis Viannet et Jean-Claude Gayssot lors du prochain congrès. Le BP donne son accord à l'unanimité moins une voix. Le

17 juin 1982, Louis Viannet est élu au bureau confédéral et remplit désormais les conditions pour devenir secrétaire général de la CGT. Selon l'accord que j'ai passé avec Henri Krasucki, Viannet pourra être élu secrétaire général après le 41e congrès. Il ne le sera que dix ans plus tard et je le regrette encore aujourd'hui. Un vieil ami, vétéran de la CGT, me dira par la suite :

« Quand tu as annoncé ton départ, tu aurais carrément dû proposer d'être remplacé par Viannet. » Je pense sincèrement que cette méthode du droit au but n'aurait sûrement pas fait disparaître les obstacles et les divergences qui s'étaient aggravés jusqu'à la veille du 41e congrès.

De fait, après avoir résisté longtemps à l'opposition interne et externe contre la ligne de Grenoble, je m'abstiens volontairement d'intervenir dans les vifs débats d'orientation qui agitent le premier semestre précédant le 41e congrès. Je suis alors persuadé que la réaffirmation de mes convictions ne changera rien au « recentrage » entrepris. Aujourd'hui, il m'arrive encore de regretter de n'avoir pas soutenu publiquement, et de manière plus résolue, ces dirigeants de la CGT qui, jusqu'au bout, défendirent courageusement le virage novateur du congrès de Grenoble, avant de démissionner de leurs responsabilités…

Voilà donc les hauts et les bas qui, dans l'histoire de la CGT, ont accompagné mes fonctions de militant puis de secrétaire général. Mais ce témoignage s'arrête-t-il forcément là ? Comme je l'ai écrit dans l'avant-propos de ce livre, j'apprécie la réflexion critique que le PCF a menée, pour son propre compte et de façon méritoire, sur certaines pages de son passé. En revanche, si la direction de la CGT a été confrontée à des différences et des désaccords qui ont dégénéré en divergences et en démissions lourdes de conséquences, ces moments sont demeurés peu connus, et ce en vertu d'un vieux dicton qui a trop longtemps prédominé : « Mieux vaut laver son linge sale en famille que de l'étaler sur la place publique au risque de permettre à l'adversaire de l'utiliser contre nous. » De nos jours, ce mutisme est devenu absurde. La clarté n'est plus une aspiration mais une nécessité.

Pour terminer ce chapitre, je tiens à dire que, en me retirant de la direction confédérale, je n'ai pas cessé de m'intéresser à son orientation et ses initiatives. J'ai toujours suivi attentivement son activité, et plus particulièrement les débats qui ont opposé les partisans de la routine aux tenants du renouveau. La discussion, les écrits, un livre collectif ont permis aux seconds de s'imposer progressivement, à ma grande satisfaction. Durant cette période, Henri Krasucki a même dû contrecarrer une tendance à l'ingérence externe pouvant porter atteinte à l'indépendance de la CGT. Le rôle de secrétaire général comporte des obligations incontournables…

Résultat : le 44e congrès de 1992, au cours duquel Louis Viannet prend le relais, est placé sous le double mot d'ordre novateur : « Construisons la CGT de notre temps. Changeons ensemble. » En 1999, le 46e congrès de Strasbourg, qui voit Bernard Thibault succéder à Louis Viannet, est encore plus clair, en affirmant haut et fort : « Nous voulons résolument nous tourner vers l'avenir. » Il reste à savoir quelle place pourra occuper le syndicalisme français dans le futur.

4

RÉALITÉS ET PERSPECTIVES

La volonté de continuer la résistance, d'agir encore et toujours n'a cessé de guider mes choix durant ces vingt-cinq dernières années. Elle est sans cesse présente dans les trois principales activités auxquelles je me livre. En apparence différentes, ces dernières ont en commun le souci permanent de la vérité et de la solidarité, valeurs partagées par nombre de nos concitoyens et qui ont toujours jalonné mon parcours. Inscrites dans une réalité quotidienne, ces activités suscitent des réflexions sur notre avenir. La première a pour cadre une institution inédite.

L'Institut d'histoire sociale CGT

Lorsque je propose à la direction confédérale de créer l'Institut d'histoire sociale de la CGT, je dois batailler ferme pour persuader ses membres qu'il ne s'agit pas d'un îlot de tranquillité destiné à prolonger en toute quiétude la vie militante du camarade Séguy.

Cette association nouvelle, dont je suis le président, comble un vide et doit permettre à notre syndicat de cultiver un terrain jusqu'alors en friche. Pour en comprendre la teneur, je citerai cette phrase de Benoît Frachon : « Le passé n'a d'intérêt pour nous que par rapport aux enseignements qu'il recèle pour le présent et l'avenir. » Nous avons fait nôtre cette pensée, en précisant cependant que « les enseignements du passé concernent aussi bien les expériences positives méritoires que les défauts, les erreurs et les fautes ».

Entourés de collaborateurs bénévoles convaincus de l'intérêt d'une telle initiative, nous parvenons assez rapidement à capter l'attention de nombreux militants, conscients de l'importance de l'histoire sociale et de la nécessité de mieux en instruire les nouvelles générations. Simultanément, nous soutenons, au sein de la CGT, une campagne de réhabilitation de nos archives. Jusqu'alors très négligées, elles ont souvent été victimes de la redoutable pratique du classement vertical : de la table au panier.

La création de cet Institut est approuvée par le congrès de Lille en 1982. Son objectif, qui reprend les idées de Benoît Frachon, est énoncé clairement dans le discours de présentation : « Connaître l'histoire du mouvement syndical, c'est assimiler l'expérience des générations passées pour mieux comprendre les conditions nouvelles et innover en intégrant tout l'acquis de la classe ouvrière. »

Nous avons alors le plaisir d'accueillir parmi nous des historiens, des sociologues et des politologues. Désireux de mieux connaître cette nouvelle institution syndicale ouvrière, ils sont disposés à collaborer à son activité. L'avantage d'une coopération entre universitaires et militants semble indéniable. Ces bonnes volontés se mettent au service de l'analyse et de la recherche en histoire sociale considérée dans sa globalité.

Vingt-six ans après sa naissance, l'Institut d'histoire sociale CGT rayonne dans la plupart des régions, de nombreuses unions départementales et plusieurs fédérations. Doté d'un centre d'archives très riche, qui comprend celles de la confédération mais également des documents extérieurs au syndicat, il dispose aussi d'une photothèque précieuse. Des colloques, des conférences et autres séminaires sont régulièrement organisés ; de nombreuses publications paraissent, dont la revue *Les Cahiers*. Sa notoriété ne cesse de s'étendre et ses initiatives de susciter un intérêt général qui dépasse le simple cadre de la CGT, seule centrale syndicale dotée d'un tel dispositif culturel.

L'Appel des cent pour la paix

Ma deuxième activité de ces dernières années concerne la valorisation de la paix. Mon engagement contre le nazisme durant la Seconde Guerre mondiale, l'épreuve de la déportation, le sens de mon action syndicale et politique m'ont toujours incité à lutter contre la guerre, à me placer du côté de l'amitié et de la solidarité entre les peuples et de la coexistence pacifique des nations.

Je fus, jadis, profondément bouleversé par le massacre d'Hiroshima et scandalisé par le recours au nucléaire, alors que la guerre touchait à sa fin. Ce meurtre de quatre-vingt mille êtres humains me poussa à participer activement à la collecte des signatures de l'appel de Stockholm, lancé en 1950 contre la bombe atomique.

Tandis que je quitte ma principale responsabilité syndicale, je n'imagine pas qu'une initiative de poids va venir compléter mon action au sein de l'Institut d'histoire sociale CGT : l'Appel des cent pour la paix, né aussi en 1982. À cette époque, une brusque tension oppose l'OTAN, qui rassemble les forces occidentales opposées aux pays socialistes, et le pacte de Varsovie, qui regroupe l'URSS et les nations de l'Est. Elle se traduit par la menace d'installation, de part et d'autre de l'Europe, de rampes de lancement de missiles nucléaires : des « Pershing » pour les Américains et des « SS 20 » pour les Soviétiques. Cette escalade militaire soulève une vive émotion parmi les populations de l'Ouest et de l'Est. D'importantes manifestations de protestation ont lieu en Allemagne de l'Ouest (RFA) et en Belgique.

L'inquiétude est également très forte en France, mais aucun des mouvements pacifistes existants n'a la capacité d'organiser une mobilisation populaire à la mesure de la gravité de la situation. Il faut trouver une solution dans les meilleurs délais.

Elle se fait jour au sein d'un groupe d'amis de la paix de différentes sensibilités. L'un de nous s'écrie en effet : « Et si nous lancions un appel à des personnalités pour organiser une grande manifestation à Paris sur la base d'un mot d'ordre commun et unique : ni Pershing ni SS 20. » Utilisant nos relations respectives, nous réunissons en très peu de temps une centaine de signatures de personnalités de renom, sensibles à la neutralité de l'appel. Il n'est pas question de se prononcer sur le degré de responsabilité de l'Ouest ou de l'Est dans le conflit.

Je citerai des figures telles qu'Edmonde Charles-Roux, Claude Piéplu, Albert Jacquard, Louis Aragon, le professeur Léon Schwarzenberg ou encore Marcel Paul, cadre de la CGT, communiste et résistant déporté qui fut ministre après la Libération.

Le retentissement est considérable. Le 20 juin 1982, à Paris, une marche pour la paix d'une ampleur étonnante réunit les opposants au danger nucléaire militaire, de Montparnasse à la Bastille. Pareil succès ne peut rester sans lendemain. C'est pourquoi les signataires décident de demeurer unis au sein d'un nouveau mouvement pacifiste indépendant, dont l'objectif principal est « la lutte contre le péril nucléaire ».

Un collectif national de « l'Appel des cent » se constitue. Je me retrouve au côté d'éminents esprits venus d'horizons différents. Ces personnalités, devenues des amis, me confortent dans l'une de mes principales convictions, acquise dans la Résistance, en déportation et au fil de ma vie militante et que je me permets d'exprimer une nouvelle fois dans ces pages : « Rien n'est plus enrichissant que la diversité des idées au service d'une cause commune. »

Aujourd'hui, soixante-trois ans après Hiroshima, le péril nucléaire n'a jamais menacé aussi dangereusement la planète. Le TNP (Traité de non-prolifération de 1985), reconnaissant à cinq puissances le droit de posséder l'arme atomique et l'interdisant aux autres nations, a échoué. On ne sait plus exactement quels sont les détenteurs officiels ou officieux de cette arme terrible. À cette incertitude s'ajoute la confusion : dès qu'une nation aspire à utiliser le nucléaire à des fins civiles, elle est immédiatement suspectée de vouloir le convertir en outil militaire.

Tout cela démontre à quel point les Cent pour la paix ont eu raison, il y a tant d'années, de se prononcer en faveur d'un accord international sur la destruction, l'interdiction de l'utilisation et de la fabrication de cette maudite arme de destruction massive.

L'autoroute et le général Massu

Ma troisième activité a pour cadre le Loiret, où nous nous sommes réfugiés après quarante années de vie trépidante en Île-de-France. Notre vie se déroule désormais près de la plus grande forêt domaniale de France, dans un site protégé en bordure de la Loire, réputé pour son intérêt touristique et où il est possible de se promener dans les sous-bois pendant plusieurs heures sans rencontrer âme qui vive, hormis des biches, des cerfs, des chevreuils, des sangliers ou des balbuzards (ou aigles piscivores). Dans ce lieu enchanteur, où le silence n'est interrompu que par le chant des oiseaux.

Un jour de la fin de l'année 1987, une inquiétante rumeur se répand. Il est question de construire une autoroute en forêt d'Orléans. Renseignements pris, il ne s'agit pas d'une rumeur, mais d'un projet très élaboré dont le contenu vient d'être porté à la connaissance du conseil général. Il a été décidé de relier l'A6 et l'A10, entre Courtenay et Orléans *via* cette forêt et notre village. La plupart des élus de droite pavoisent : « C'est un bonheur pour notre canton, pour son activité, son économie, son développement », clament-ils. Une euphorie d'autant moins compréhensible qu'il n'est prévu ni d'entrée ni de sortie dans le canton.

Impossible de rester passif devant la menace qui plane sur ce domaine forestier. En peu de temps, une équipe d'opposants à ce projet néfaste se réunit et décide la création d'une association de défense de la forêt d'Orléans ; je suis l'un de ses animateurs. Rapidement, les habitants des communes menacées nous rejoignent par centaines et participent massivement aux initiatives d'action. Des graffitis « Non à l'autoroute » fleurissent partout.

De la manifestation de rue à Orléans aux réunions publiques qui nous permettent d'expliquer les raisons sociales et économiques de notre opposition à cette autoroute, nous démontrons les ravages qu'entraîneraient, pour la flore et la faune de ce site protégé, cinq années de travaux de terrassement, de bétonnage, de pose de clôtures métalliques. Nous proposons aussi une solution alternative au projet initial, infiniment moins onéreuse : modifier le tracé de l'autoroute pour la faire passer en Beauce, sans en allonger le parcours.

Le débat prend souvent un caractère polémique. Il impressionne fortement une population qui, en majorité, se résigne à subir les désagréments d'une entreprise pour laquelle elle n'a même pas été consultée. Traduisant sans doute un sentiment largement partagé, un agriculteur me dit un jour :

« Mon pauvre monsieur Séguy, croyez-moi, il est illusoire de prétendre repousser cette autoroute sur les terres des hobereaux de la Beauce. Les agriculteurs beaucerons sont trop forts politiquement et économiquement pour accepter de subir un tel changement.

— Le pire serait de ne rien faire, lui réponds-je. Il faut avoir confiance. »

Lors d'une assemblée générale de notre association, nous sommes confrontés à une situation peu ordinaire. Voilà que le général Massu, résidant au sud de Montargis dans une propriété menacée par l'autoroute, désire participer à notre action. Des protestations fusent dans la salle : « Pas de Massu dans notre association ! » Je dois réagir : « Soyons sérieux, nous n'avons pas créé une association pour refaire l'histoire de la guerre d'Algérie, mais pour faire échec au sinistre dont la forêt d'Orléans et notre région sont menacées. Contre ce danger, nous accueillons toutes les bonnes volontés, sans distinction de couleur et d'appartenance politique. »

Le général Massu est donc admis à participer à notre action de défense de la forêt d'Orléans. Comme il faut s'y attendre, plusieurs journalistes avancent l'idée d'une rencontre de Séguy et Massu avec les médias. Lors de cette entrevue, à Paris, un journaliste interpelle Massu de la manière suivante :

« Mon général, ça ne vous semble pas bizarre de vous retrouver avec Georges Séguy dans la même association ?

— On peut avoir des convictions différentes et même opposées et agir ensemble pour un objectif commun, répond-il. C'est ce qui s'est passé dans la Résistance. Au moment de l'appel du 18 juin 1940, j'étais au Tchad. Si je m'étais trouvé en France, c'est avec des hommes comme Georges Séguy, ex-FTPF, que j'aurais combattu pour la libération nationale. J'ai eu par la suite, sous mes ordres, des officiers issus des FFI et je puis vous dire qu'ils étaient tous de grands soldats.

— Qu'en pensez-vous, monsieur Séguy ? m'interroge le journaliste.

— *No comment...* »

Notre lutte se poursuit, non sans marquer de sérieux points dans l'opinion publique, auprès de la presse régionale et parmi les élus.

Un jour, un concours de circonstances me permet de parler de cette affaire à François Mitterrand, alors président de la République. Le 3 mai 1990, je suis invité à l'Élysée pour assister à une cérémonie. Un ami avocat doit recevoir la Légion d'honneur. Au moment où, après les discours officiels, les conversations s'engagent, Mitterrand s'approche de moi, une coupe de champagne à la main, et me dit :

« Alors, j'ai ouï dire que vous êtes engagé avec Massu dans une bataille contre une autoroute ?

— Pas seulement avec Massu, mais surtout avec une association représentative de la population concernée, très motivée par notre action. J'aimerais bien savoir ce que vous en pensez.

— J'en ai entendu parler, mais je ne connais pas vraiment ce dossier. De quoi s'agit-il ?

— Il s'agit de la construction d'une autoroute à péage privée dont le projet de tracé coupe en deux le Gâtinais et la forêt d'Orléans. »

La conversation se prolonge. Je réponds de mon mieux à ses questions :

« Et que deviendra l'oratoire carolingien de Germigny-des-Prés ? me demande-t-il à brûle-pourpoint.

— Il sera quasiment enclavé dans le béton.

— Ils sont fous. Envoyez-moi l'essentiel de ce dossier et je m'en occupe personnellement. »

Dès le lendemain, je fais parvenir à l'Élysée les informations désirées, accompagnées d'un mot adressé au président, dont voici un extrait : « Le spectre d'une immense voie de béton mutilant le plus grand massif forestier domanial de France, saccageant la faune et la flore d'un site naturel de tout temps protégé, paisible et accueillant, heurte les esprits des habitants de cette région, bien décidés à défendre leur environnement. Je puis vous assurer, monsieur le Président, qu'une intervention de votre part écartant le sinistre dont nous nous sentons menacés serait grandement appréciée par les gens d'ici. »

Le 8 juillet suivant, je reçois un message téléphoné de la présidence me faisant part de la décision du président : annoncer, à l'occasion de son discours du 14 Juillet, son opposition au tracé de l'autoroute en forêt d'Orléans.

Cette information, transmise aussitôt par mes soins à la presse régionale, provoque les vociférations de quelques élus de droite qui accusent

François Mitterrand d'avoir plus d'égards pour « ce Séguy », qui n'est même pas élu, « que pour les représentants authentiques de l'électorat ». Mon ami agriculteur, si incrédule quant à la possibilité de repousser en Beauce « l'immense voie de béton », n'en revient toujours pas.

C'est ainsi que notre belle forêt d'Orléans fut préservée d'une lourde dévastation et que ma sensibilité à l'écologie s'est affirmée dans cette région. À l'heure où j'écris ces lignes, l'autoroute, qui passe effectivement en Beauce, est en cours d'achèvement.

Syndicats et partis : histoire d'une passion

Je ne peux poursuivre ce livre sans aborder un sujet épineux, déjà évoqué dans la troisième partie. Depuis son origine, le syndicalisme a dû réfléchir à la nature de ses relations avec les partis politiques, surtout avec ceux qui se réclament des intérêts de la classe ouvrière et de son émancipation. La présence de dirigeants syndicaux à l'intérieur des instances dirigeantes des partis a ainsi donné lieu à de vives polémiques au sein du mouvement syndical et, par extension, dans l'opinion publique. Il est donc nécessaire d'opérer une mise au point historique, afin de mieux connaître les ressorts et la réalité de ces interactions.

Née en 1864, la Ire Internationale ouvrière, d'inspiration marxiste, regroupe, sans distinction d'affinité politique, toutes les organisations, associations, partis, syndicats représentatifs du prolétariat. Victime d'une féroce répression, elle doit se réfugier aux États-Unis et disparaît en 1876. Entre-temps, les idées socialistes progressent et aboutissent, en 1879, à la création du Parti des travailleurs socialistes. Loin d'être homogènes, elles se divisent en plusieurs tendances rivales et donnent lieu à de sérieux affrontements.

Lorsque en 1884, les syndicats sont légalisés en France au terme de nombreuses luttes, leur dimension et leur rôle dans la société prend rapidement une grande importance. En même temps, ils attirent en leur sein les débats et les polémiques de cette pensée socialiste très diversifiée et composite. En 1895, au moment de la création de la CGT à Limoges, des syndicalistes de sensibilité révolutionnaire, dont une forte proportion d'anarchistes, se mettent à redouter les conséquences négatives que pourraient avoir ces controverses idéologiques à l'intérieur du nouveau syndicat. L'unité de ce dernier pourrait en être menacée. Ils se prononcent donc en faveur d'une distinction entre syndicat et parti politique. Le respect de l'indépendance syndicale est érigé en principe intangible du syndicalisme français par le congrès historique de la CGT qui se tient à Amiens en 1906.

En ce début de XXe siècle, la méfiance de l'anarcho-syndicalisme envers le parti socialiste fait émerger une thèse selon laquelle « le syndicat peut suffire à tout », ou, en d'autres termes, que « la classe ouvrière n'a pas besoin de parti politique pour se libérer du capitalisme ». Cette conception « antiparti », qui, par ailleurs, restreint les prérogatives du syndicat, ne subsiste pas. L'indépendance reste cependant l'une des bases de l'orientation de notre syndicalisme, soucieux de son autonomie de pensée et d'action.

Pour autant, cela ne dissuade pas la plupart des partis de la IIe Internationale socialiste – fondée au moment de l'inauguration de la tour Eiffel (1889) et de l'instauration du 1er mai comme « jour de solidarité ouvrière internationale » – d'établir des liens organiques et même financiers avec les syndicats de leurs pays. Les partis de la IIIe Internationale communiste – créée en 1919 et qui préconise la reconnaissance statutaire du « rôle dirigeant du parti » – maintiennent cette pratique.

L'indépendance a donc toujours été l'une des spécificités du syndicalisme français : indépendance vis-à-vis des partis politiques, bien sûr, mais aussi du patronat, de l'État et des Églises. La CGTU, lors de son congrès constitutif en 1922, envoie une délégation auprès de Lénine pour protester contre l'obligation de liens organiques entre partis et syndicats, clause figurant dans les statuts de l'Internationale syndicale rouge à laquelle elle vient d'adhérer. Pour autant, cet esprit d'indépendance a-t-il été scrupuleusement respecté par tous les intéressés ? L'affirmer serait mentir. Le syndicalisme français n'a d'ailleurs jamais assimilé son indépendance à la neutralité politique.

L'implication de dirigeants dans les partis de gauche, courante dans plusieurs pays d'Europe au début du XXe siècle, s'atténue ou disparaît après la Seconde Guerre mondiale. Mais elle perdure en France et continue à nourrir la controverse.

Au moment de l'unification de la CGT, en 1936, Benoît Frachon et Julien Racamond, secrétaires de la CGTU, doivent faire une concession à la majorité dite « confédérée » : quitter le bureau politique du PCF, dont ils étaient membres élus, et renoncer à l'organisation de fractions révolutionnaires au sein des syndicats. Au cours de la réunification suivante, qui a lieu en 1943 sous l'Occupation, ce sujet n'est pas abordé. Le secrétaire général de la CGT redevient donc officiellement membre du BP après la Libération. Cet état de fait, plus ou moins contesté au sein de la CGT, perdure jusqu'au 45e congrès, en 1996.

À cette date, Louis Viannet cesse de siéger au BP : « Le moment est venu, déclare-t-il, pour acter de façon plus nette la nécessaire différenciation entre ce qui relève des responsabilités syndicales et des responsabilités politiques, de ne pas reconduire ma présence au bureau politique. » (*L'Humanité*, 20 octobre 1996.)

Beaucoup d'encre a coulé sur l'indépendance de la CGT. Bien sûr, on ne change pas l'histoire de la première centrale syndicale nationale, mais, tout en comprenant son évolution, il est légitime de s'interroger sur l'intérêt d'une telle pratique. La question est simple : les dirigeants CGT de sensibilité communiste ont-ils siégé au sein des organismes dirigeants de leur parti pour y recevoir les consignes nécessaires à leur travail syndical ou pour contribuer, par leur expérience, leur connaissance des luttes et leurs analyses du mouvement social, à faire que le PCF mérite d'être un authentique représentant des intérêts de la classe ouvrière ?

Ayant été l'un de ces dirigeants pendant vingt-cinq ans, je puis témoigner que, si j'ai participé à de nombreux débats sur les luttes des travailleurs, la nature de leurs revendications et l'importance du rôle des syndicats, je n'ai jamais entendu quiconque exprimer la volonté du PCF d'intervenir dans les affaires intérieures de la CGT.

Par mon expérience syndicale, j'ai beaucoup appris en matière politique, économique et culturelle. J'ai certes contribué à asseoir l'autorité du PCF en participant à l'analyse, à l'élaboration et à la direction des initiatives du parti. Par ailleurs, je n'ai jamais été témoin d'une quelconque intervention visant à proposer ou contester telle ou telle candidature aux instances dirigeantes de la confédération ou des fédérations nationales. En revanche, je reconnais que le courant communiste, devenu majoritaire dans les unions départementales après la Libération, s'est longtemps évertué à y détenir la fonction de secrétaire général.

Plus largement, nous pouvons rétrospectivement condamner cette propension du politique à influencer le syndicalisme dans un sens ou dans un autre. En revanche, nous ne changerons pas l'histoire du mouvement ouvrier français, européen et international, ni la manière dont les syndicats et les partis ont conçu leurs relations en fonction des particularités de chaque nation.

La vie s'est d'ailleurs chargée de faire évoluer ces rapports. De nos jours, la vieille polémique sur le cumul des mandats politiques et syndicaux n'a pratiquement plus de sens. Si la diversité des idées subsiste et si elles peuvent s'exprimer démocratiquement, la stratégie de l'entrisme partisan est quasi unanimement proscrite. Du coup, les rivalités passées entre tendances politiques organisées ont disparu. En ce début de XXIe siècle, la maturité à laquelle est parvenu le syndicalisme a fortifié son indépendance et le préserve de toute volonté d'intrusion partisane, c'est-à-dire de toute velléité d'ingérence politique. En outre, les rapprochements survenus en Europe occidentale au sein de la CES ont favorisé une meilleure compréhension mutuelle. Les différences ne sont désormais plus considérées comme des obstacles insurmontables à l'action commune.

Tout cela n'empêche en rien la diversité des orientations syndicales, qui se sont organisées en fonction de l'histoire économique et sociale de chaque pays. De nos jours, se pose plutôt la question de savoir comment concevoir les rapports entre partis et syndicats. Les premiers ne s'interdisent pas d'avoir leur opinion sur le rôle des seconds et, de façon réciproque, ces derniers ont leur propre jugement sur les programmes politiques. De ce point de vue, la décision de ne plus élire un dirigeant de la CGT à la direction du PCF a eu le mérite de conforter les responsabilités des uns et des autres, de promouvoir leurs libertés de pensée et d'expression, d'entretenir des rapports loyaux.

L'indépendance syndicale n'est donc ni la neutralité ni l'indifférence à l'égard des questions politiques. De leur côté, les partis de gauche, en France et ailleurs, admettent aujourd'hui l'évolution du syndicalisme et une conception des rapports syndicats-partis fondée sur le respect réciproque et la libre détermination de chacun. Peut-on dire qu'à cet égard une page est tournée ? Je le crois, ou plutôt je l'espère.

La division de ces formations ne pouvait que conduire à l'échec et au déclin de la gauche. Du coup, la perspective d'une alternative démocratique et de progrès social s'est éloignée. Le mouvement social pâtit inévitablement de la défaite du peuple de gauche lors de la dernière élection présidentielle de 2007. En faisant échouer le projet de candidature commune de l'entente antilibérale, les rivalités n'ont pas seulement fait exploser les perspectives d'un rassemblement qui portait en son sein l'espoir d'une nouvelle gauche et d'un dynamisme unitaire. Elles ont de surcroît apporté de l'eau au moulin de ceux qui estiment que, désormais, l'élection présidentielle est le scrutin primordial de la Ve République.

Par ailleurs, la campagne socialiste, axée sur l'anti-Sarkozy, a omis de mettre en évidence la lourde responsabilité personnelle de l'actuel président dans toutes les mesures antisociales de la coalition formée par la droite et le Medef au cours des cinq années précédant sa candidature. Cette stratégie a contribué à la valorisation excessive de cette échéance présidentielle, en permettant au candidat de la majorité sortante de se présenter avec outrecuidance comme l'unique champion de la rupture et du changement.

À ce propos, je pense depuis longtemps que l'élection présidentielle est un scrutin conçu pour organiser un bipartisme semblable à celui qui a cours aux États-Unis. Cette élection permet une alternance présidentielle des deux principaux partis, mais interdit toute possibilité de changement économique et social réel. Il s'agit d'un scrutin propice à la personnalisation outrancière de la vie politique, où le *look* et le bagout des candidats prennent pour l'électrice et l'électeur moyens plus d'importance que les idées et les projets de société. Autrement dit : c'est un scrutin nuisible à la conscience et à la lucidité citoyennes, sans lesquelles la démocratie ne peut que dépérir.

Il n'appartient certes pas aux syndicats d'outrepasser leurs prérogatives en prodiguant des conseils aux partis et en se prononçant pour tel ou tel candidat. Mais une chose est sûre : le rassemblement populaire, déterminant pour créer un rapport de force favorable à la gauche, ne pourra se faire qu'autour d'un projet de société qui puisse bénéficier du soutien du mouvement syndical.

La gauche, un parti pour l'avenir ?

Dans le prolongement de cette réflexion, je rappelle que j'ai toujours veillé au respect de l'indépendance de la CGT et résisté à ce qui pouvait la compromettre. J'ai aussi soutenu le droit statutaire accordé à tous les syndiqués, quelles que soient leurs responsabilités, d'exercer, en dehors de l'organisation syndicale, l'activité politique de leur choix.

Dans la mesure où les syndicats ne sont pas destinés à se substituer aux partis politiques, il est aisé de comprendre que des syndiqués, désireux de dépasser l'action purement revendicative, la prolongent dans la bataille politique, pour faire triompher une société conforme à leurs aspirations économiques, sociales et culturelles. Pour cela, ils doivent pouvoir agir à leur guise en dehors de leur syndicat.

Pour ma part, j'ai pu concilier mes responsabilités syndicales et mon engagement au PCF, que j'ai rejoint il y a soixante-trois ans, pendant la Résistance. Je connais son histoire, ses mérites, le dévouement sans bornes de ses militants, mais aussi ses insuffisances. Il a trop tardé à mesurer les conséquences des révélations du XXe congrès du Parti communiste de l'Union soviétique, après la mort de Staline, et donc à s'adapter aux changements nationaux et internationaux qu'un tel événement ne pouvait manquer d'entraîner. Il a maintenu trop longtemps une ligne de conduite qui, ayant auparavant fait les preuves de son efficacité, ne correspondait plus aux évolutions des quatre dernières décennies du XXe siècle.

De toute évidence, l'effondrement de l'URSS en 1991, assorti du déferlement de critiques anticommunistes que cet événement a suscité, explique pour une bonne part la perte d'influence des idées communistes en Europe. S'en tenir à ce constat ne peut cependant suffire…

Dans le courant de l'année 1992, mon ami Roland Passevant, journaliste communiste de renom, me fait part de son intention de se livrer à une enquête sur les causes du déclin du PCF. Je l'encourage vivement à réaliser cette étude. Après lecture de son manuscrit, je lui envoie une lettre qu'il a insérée, avec mon accord, en conclusion de son livre intitulé *L'Hiver rouge*. En voici les principaux extraits :

« J'ai vécu intensément les quatre dernières décennies de la vie du parti et donc de son déclin, c'est dire que j'ai ressenti cruellement les événements qui ont entraîné l'effondrement du régime issu de la révolution d'Octobre en laquelle nous avions investi tant d'espérances, ou plus exactement de certitudes dont nous avons trop tardé à nous libérer.

« Je suis de ceux qui pensent que notre réflexion sur ce passé mérite d'être encore approfondie, sans complaisance envers nous-mêmes et sans occulter l'esprit critique quant aux responsabilités individuelles et collectives qui ont pu rabougrir nos analyses et nuire à nos positions. Non pas que nous ayons à renier notre passé qui, pour l'essentiel, par rapport aux grands moments de notre histoire nationale depuis 1920, est tout à notre honneur, mais sa valeur d'expérience n'est pas faite que de positif. Il comporte aussi des aspects négatifs consécutifs à des erreurs ou à des insuffisances qu'il faut savoir reconnaître.

« Cette rigueur envers nous-mêmes me paraît être l'une des conditions de la "métamorphose" par laquelle il nous faudra bien passer si nous voulons donner naissance à une force communiste nouvelle, créatrice, émancipatrice et révolutionnaire, apte à répondre aux aspirations et aux espérances humaines de notre temps.

« Or, je crains parfois que notre ambition paraisse trop circonscrite à la recherche d'une remontée de notre influence électorale et puisse donner l'impression – notamment aux nouvelles générations répugnées par les turpitudes politiciennes en tout genre – que nous ne nous distinguons guère de l'électoralisme vénal des autres partis politiques. »

Depuis 1992, la situation s'est aggravée, ce qui pose la nécessaire question de l'avenir du PCF. Doit-il se fondre dans un nouveau parti regroupant toutes les tendances antilibérales ? Je ne crois pas qu'il soit possible d'aboutir dans des délais courts à la création d'une telle formation. Trop de différences et de divergences subsistent encore entre ces courants.

Pour les mêmes raisons, il est peu crédible que l'une ou l'autre de ces tendances puisse prétendre être le noyau fondateur de ce parti. Néanmoins, il devrait être possible de conclure à brève échéance une entente au sein, par exemple, d'un collectif national permanent de réflexion, où l'élaboration d'objectifs communs et d'actions concrètes pourrait être le début d'une nouvelle dynamique de gauche ouvrant la perspective d'une vraie transformation de la société. Les convergences ne manquent pas pour matérialiser cette idée et pour ouvrir ainsi la perspective d'une VIe République.

Si, plus tard, cette union doit se concrétiser par la constitution d'un seul parti, je ne serai pas de ceux qui feront du maintien du mot *communiste* un préalable absolu à cette alliance organique. Pour autant, respectueux de la signification humaniste que ce mot a toujours revêtue chez ceux qui tenaient le communisme pour un idéal profondément progressiste, je n'accepterai pas qu'il soit proscrit et condamné.

À ce sujet, je ne m'abaisserai pas à polémiquer avec les tristes individus qui s'emploient à comparer le communisme au fascisme et au nazisme. Cette ignominie ne mérite que le plus profond mépris. Dans le même esprit, je ne puis admettre l'assimilation du communisme et du stalinisme, la signification de ces deux substantifs étant à mes yeux diamétralement opposée. Le fait que Staline se soit réclamé du communisme pour souiller ce noble idéal n'autorise pas pareil amalgame.

Un rappel sommaire de l'histoire de France apprendra à ceux qui veulent connaître la vérité dans ce domaine, que l'idéal communiste n'est pas né avec la révolution russe d'octobre 1917. Il a émergé au moment de la Révolution française avec les pensées de Gracchus Babeuf et sa « conjuration des Égaux », qui se fixait, entre autres objectifs, de défendre les plus pauvres contre les plus riches, les sans-culottes contre les nantis, et qui prônait l'avènement d'une société du « bonheur social pour tous »… Ces pensées ont été enrichies par celles de Saint-Simon et, plus tard, de Karl Marx et de bien d'autres humanistes tels que Jean Jaurès. Elles ont inspiré les glorieux communards montant à « l'assaut du ciel », les débats passionnés des révolutionnaires de la fin du XIXe siècle, de conviction communiste, socialiste ou anarchiste, les résistants antinazis de la trempe de Guy Môquet et de ses camarades. Il n'est pas question d'ériger le communisme en religion mais, de grâce, que son origine, son contenu humaniste et sa véritable histoire soient respectés !

Demain la gauche ?

La création d'un seul parti réunissant les courants de la gauche antilibérale n'est donc pas à l'ordre du jour ; il apparaît dès lors nécessaire de se pencher sur le contexte politique et social actuel. En ce début de XXIe siècle, nous sommes en effet confrontés à des événements tendant à créer une situation inédite. Une page de notre histoire est, semble-t-il, en train de se tourner, qui nous oblige à réfléchir au présent et au futur dans un nouvel état d'esprit.

D'ores et déjà, entre autres expériences du passé, deux réalités incontestables s'imposent : d'une part, l'échec de la vieille conception social-démocrate louant les vertus sociales du compromis avec le capitalisme, jusqu'à consentir à la gestion de ses intérêts ; d'autre part, la faillite du socialisme d'État sous l'égide d'un parti unique adepte de la « dictature du prolétariat ».

Ce constat d'échec ne nous laisse pas d'autre choix que la recherche d'une nouvelle voie d'émancipation humaine et de progrès social ouvrant la perspective du socialisme du XXIe siècle. Pour y parvenir, n'attendons pas que la seule pensée d'un génie nous indique la meilleure marche à suivre. Ayons confiance en l'intelligence collective de toutes celles et de tous ceux qui aspirent à ce monde nouveau. À cet égard, faut-il le préciser, je ne soutiens pas une thèse, j'exprime ma conviction.

Cette nouvelle voie dépend de la gauche politique, dont le comportement, après son cuisant échec de l'élection présidentielle, et malgré son succès aux élections communales et cantonales, est pour le moins perturbé. La charge des réformes antisociales de la droite, conformément aux exigences du Medef, ne tardera pas à engendrer une vive réaction sociale. Comme en témoigne notre histoire, les travailleurs français n'ont pas l'habitude de subir sans réagir. Lorsque trop c'est trop et que les possibilités de négociation sont verrouillées, ça craque ! Sachons nous souvenir des expériences du passé.

Face à cette offensive rétrograde, il faut cependant que les conditions du succès soient réunies. Or, la gauche dominante semble s'en tenir à une contestation plus verbale que réelle, qui donne l'impression d'une opposition plus virtuelle qu'effective. Il ne faudrait pas que cette trop grande circonspection se transforme en une trêve jusqu'à la prochaine présidentielle de 2012. Une explosion sociale qui surviendrait dans un contexte de division et de passivité de la gauche n'aurait aucune chance de se prolonger en victoire politique.

Ni le dogme du « social-libéralisme » ni la duperie de la « régulation équitable » des lois du marché ne peuvent faire illusion. Afin de définir des objectifs économiques et sociaux communs et d'organiser la résistance à l'actuelle régression sociale, il faut impérativement engager la concertation des représentants de toutes les composantes de la gauche politique. Voilà qui me paraît être la priorité des priorités pour tous les opposants résolus à vaincre l'entreprise de démolition du « modèle social français ».

Ne nous y trompons pas : la baisse du pouvoir d'achat des salariés et des retraités, les violations des droits du travail, la mutilation de la Sécurité sociale, la privatisation des services publics, les cadeaux faits au patronat, les faveurs fiscales accordées aux plus riches, les atteintes au droit de grève, le soutien de l'État aux restructurations des géants de la finance, de l'industrie et du commerce, la complaisance de l'Élysée envers les États-Unis, tout cela ne sort pas de la seule imagination de Nicolas Sarkozy.

Il s'agit de la mise en œuvre d'un projet mûrement réfléchi, destiné à inclure dans la mondialisation capitaliste, et sous l'égide des Américains, une France libérée de charges sociales prétendues excessives dont l'a dotée son mouvement social.

En vérité, la droite tient ce « modèle social français » – construit au lendemain de la Seconde Guerre mondiale dans l'esprit du programme du CNR – pour incompatible avec les normes de la mondialisation, telles qu'elles sont conçues par l'avidité capitaliste. En réaction, on entend dire parfois : « Il n'est pas possible que notre peuple se résigne avec fatalisme à un tel processus, qui serait, selon ses protagonistes, la seule évolution concevable de la planète et le sommet de l'histoire sociale et culturelle du genre humain. » Je partage cette aversion du capitalisme mondialisé, mais j'ai conscience qu'elle soulève une énorme question : « Si une forme de mondialisation humaniste, démocratique, sociale, culturelle et pacifique est vraiment possible, quel sera son contenu et comment la ferons-nous triompher ? »

La réponse suppose une profonde réflexion de toutes celles et de tous ceux qui ont une vision de l'avenir de notre société proche des aspirations humanistes et qui s'opposent à une mondialisation qui transforme tous les besoins de la vie en marchandises et toutes les relations humaines en concurrence. De cette réflexion collective et inventive pourra émerger le projet d'un nouveau monde, où le travail de chacun servira le mieux-être de tous ; où disparaîtront progressivement les inégalités entre les peuples des pays riches et ceux des pays pauvres ; où la solidarité, la liberté et l'amour s'épanouiront sans entrave ; où le rêve de bonheur permettra de comprendre que l'utopie n'est pas ce qui est impossible mais ce qui n'a pas encore été réalisé.

À ce stade de la marche du monde naîtra sans doute le besoin d'un nouveau centre de rencontre et d'échange mondial, une sorte d'« internationale de l'humanisme universel ». J'espère qu'il choisira d'établir son siège dans la capitale du pays de la défense des droits de l'homme : Paris.

Le syndicalisme du XXIe siècle

Depuis la naissance de la CGT, il y a cent treize ans, le syndicalisme français a dû s'adapter à toutes les évolutions économiques, sociales et politiques intervenues tout au long du XXe siècle. Sa raison d'être fondamentale n'a pourtant pas changé : défendre les intérêts des travailleurs, sans préjuger de leurs différences d'opinions politiques, de croyance religieuse ou d'origine ethnique. Toutes les adaptations d'orientation, d'action, de structures auxquelles il a dû procéder ont eu pour but d'assurer cette vocation le plus efficacement possible.

Aujourd'hui, il est toujours confronté à cet impératif, mais, chacun le sait, le pourcentage de syndiqués est très faible en France. Il oscille entre 9 et 10 %, tous syndicats compris. Cette faiblesse suscite souvent une interrogation : pourquoi l'État n'a-t-il qu'un seul représentant (le gouvernement) et le patronat, qu'une seule organisation représentative (le Medef), alors que les salariés en ont huit ? Cette disproportion vaut d'être méditée.

Tout d'abord, il paraît évident que ce pluralisme syndical ne concourt pas à accroître la syndicalisation. C'est un fait : la surabondance de syndicats fait diminuer le nombre de syndiqués et, en cela, la France est championne d'Europe. Ce triste phénomène s'accompagne d'une forme de paradoxe : les relations intersyndicales sont, la plupart du temps, plus concurrentielles que coopératives.

Cette regrettable réalité ne signifie pas que l'action syndicale soit insignifiante dans notre pays : l'actualité sociale témoigne du contraire. Le mouvement syndical figure toujours en première ligne des débats économiques et sociaux. Il est souvent à la tête d'affrontements et de luttes dont la victoire, lorsqu'une négociation est possible, dépend de l'importance de sa mobilisation. En outre, il a toujours tenu une place de première importance dans notre histoire nationale, notamment au moment du Front populaire en 1936, au sein de la Résistance et en Mai 68. Toutes les formations politiques savent qu'il faut compter avec cet acteur majeur de notre société.

Au cours de mes voyages à l'étranger, il m'est souvent arrivé d'avoir à répondre à cette même question : « Avec si peu de syndiqués, comment votre syndicalisme parvient-il à organiser des manifestations, des luttes et des grèves aussi importantes ? » Réponse : notre faible taux de syndicalisation est certes un handicap sérieux, mais il ne conduit pas à la paralysie. De nombreux salariés non syndiqués suivent avec beaucoup d'attention la vie et l'action syndicales, comme en témoigne leur forte participation aux élections professionnelles et aux diverses initiatives d'action.

Le syndicalisme français ne s'est jamais distingué par une adhésion massive des travailleurs. L'accroissement de ses effectifs ne s'est produit que trois fois, surtout au sein de la CGT : au moment du Front populaire en 1936, après la réunification de la CGT et de la CGTU (5 millions de membres) ; au lendemain de la Libération, à la suite de la réunification au sein de la Résistance (4,5 millions d'adhérents) ; en Mai 68, avec l'adhésion de trois cent mille jeunes travailleurs qui élevèrent à près de 3 millions les effectifs de la première centrale syndicale nationale. Ces trois exemples démontrent que l'unité fortifie le syndicalisme, tandis que la division l'affaiblit.

Par ailleurs, la fréquente hostilité patronale à l'implantation de syndicats indépendants dans les entreprises ne facilite pas l'effort de syndicalisation. Le chômage et la précarité ne sont pas non plus des facteurs propices à l'engagement syndical. Cependant, notre réflexion ne saurait s'arrêter là. Il faut aussi tenir compte de l'histoire particulière du mouvement ouvrier français et de ses spécificités, telles que je les ai brièvement évoquées.

Indéniablement, deux tendances lourdes ont pesé sur le mouvement syndical : d'une part, le réformisme, qui transige avec le capitalisme ; d'autre part, la tendance révolutionnaire qui prône la disparition du même capitalisme. Ces deux pôles ont donné lieu à des clivages politiques tout au long du XXe siècle. Le fait que chacun se soit réclamé de l'indépendance syndicale n'a pas suffi à surmonter les désaccords émanant de ces divergences idéologiques. Ces dernières se sont prolongées durant la guerre froide et sont encore sensibles de nos jours. Si d'importantes mutations sont intervenues, les séquelles de ces désaccords me semblent être la cause de ce pluralisme français. Nous ne sommes donc pas à la veille d'un nouveau syndicalisme rassemblant tous les salariés.

Est-il pour autant admissible que les divisions politiques du mouvement ouvrier français, telles qu'elles se sont exprimées avant et après la Première Guerre mondiale, continuent de fractionner notre syndicalisme ? Les choses n'ont-elles pas suffisamment évolué et même, dans certains domaines, radicalement changé, pour permettre à une nouvelle conception des rapports intersyndicaux de s'imposer, en rupture avec un dérisoire esprit de clocher qui frise parfois la rivalité absurde, voire le sectarisme dogmatique et ringard ?

La CGT semble, de mon point de vue, avoir mieux tenu compte de ces évolutions que les autres centrales syndicales. Par exemple, un pas en avant prometteur a été franchi en janvier 1966 avec l'accord CGT-CFDT. À l'époque, je suis de ceux qui pensent, comme Eugène Descamps, alors secrétaire général de la CFDT, que nous pouvons passer d'un pluralisme de division à un pluralisme d'union. La suite des événements ne répond pas, hélas, à cette espérance. Mais lorsque j'ai ensuite assumé la direction de la CGT, j'ai fait de mon mieux pour la réanimer, malgré les difficultés internes et externes auxquelles je me suis heurté.

Le syndicalisme est aujourd'hui confronté à une situation nouvelle qui, par certains aspects, n'est pas sans similitude avec celle d'avant Mai 68. Je pense à la politique de régression sociale imposée autoritairement par la coalition gouvernement-Medef. Je pense aussi aux lourdes conséquences sociales d'une mondialisation capitaliste dominée par l'impérialisme de l'argent que les plus hauts experts n'arrivent pas à maîtriser. Sur ces deux questions de société, la responsabilité incombant au syndicalisme est considérable. Les assumera-t-il en ordre dispersé, selon des vues différentes, ou d'un commun accord, fondé sur les droits et les intérêts des salariés ? Bien sûr, l'avenir le dira…

Tel est, en ce début de siècle, le dilemme franco-français auquel le syndicalisme doit faire face. Pour le présent et le futur, l'issue dépendra de sa crédibilité et de sa capacité à le surmonter. Certains signes sont encourageants. Nous observons par exemple une certaine évolution des relations intersyndicales au sein de la CES, où siègent à part entière les principales centrales françaises. Il en est de même à la CIS (Confédération internationale des syndicats), créée en novembre 2006, où coopèrent les représentants des différents syndicats français.

Pourquoi cette coopération, tenue pour normale au niveau européen et international, ne se prolonge-t-elle pas sur le plan national ? Il y a tant à faire pour créer un organe de concertation intersyndicale qui, après avoir défini des revendications convergentes, pourrait aboutir à des propositions communes et, s'il le faut, à l'unité d'action. Le moment n'est-il pas venu de se hisser au-dessus des méfiances d'hier et de conjuguer toutes les forces du syndicalisme au service du progrès social ?

Cette aspiration unitaire ne s'adresse pas seulement aux leaders syndicaux, encore réticents à un syndicalisme rassemblé, mais aussi aux 10 % de syndiqués qui ont leur mot à dire et leurs conceptions à faire valoir. Elle interpelle également les 90 % de salariés non syndiqués qui bénéficient des résultats sociaux obtenus par l'action syndicale et doivent prendre conscience de l'efficacité qui résulterait de ce rassemblement.

Lorsqu'une nouvelle République légiférera sur les droits constitutionnels correspondant aux prérogatives et aux attributions du syndicalisme au plan national et européen, en relation avec l'extension du rôle de l'OIT (Organisation internationale du travail), l'action de ce rassemblement aura une influence certaine sur la définition de la démocratie sociale.

Quel visage aura le syndicalisme du XXIe siècle ? Tout dépendra de sa représentativité et donc de son indépendance et de sa cohésion. De toute évidence, son avenir est étroitement lié à son unité. Le verbe résister, qui s'est si bien illustré dans le passé, notamment pendant la guerre, semble avoir encore de beaux jours devant lui… Sachons le conjuguer à tous les temps.

Table

CHEZ LE MÊME ÉDITEUR

Georges Séguy
LA GRÈVE

La grève. Hors-la-loi en 1860, conquise au prix du sang sous la IIIe République, garantie par la Constitution depuis 1946, aujourd'hui baromètre de notre démocratie.

Georges Séguy était sans doute le mieux à même de retracer, des émeutes de Decazeille (1886) à l'« euro-grève » des cheminots de décembre 1992, l'histoire de cette conquête à laquelle nous sommes redevables d'une grande part de nos avancées sociales. Mais aussi de tirer les leçons de l'expérience des pays de l'Est.

Acteur de premier plan de la vie publique des quarante dernières années, l'ancien secrétaire général de la CGT témoigne des conflits vécus jour après jour, des négociations entreprises, de celles qui restent à entreprendre.

Car, pour Georges Séguy, l'ère Mitterrand n'a pas, il s'en faut de beaucoup, répondu aux aspirations du monde du travail. L'heure n'est-elle pas venue de jeter les bases d'une VIe République qui rendrait, enfin, la parole aux citoyens ?

« Georges Séguy plonge dans l'histoire des combats sociaux pour éclairer les enjeux syndicaux et démocratiques d'aujourd'hui. »
(L'Humanité Dimanche)

ISBN 978-2-909241-37-1 / H 50-2040-9 / 192 pages / 14,95 €

Cet ouvrage a été composé
par Atlant'Communication
aux Sables-d'Olonne (Vendée)

Impression réalisée sur CAMERON par

CPI
Brodard & Taupin

La Flèche (Sarthe)
en avril 2008
pour le compte des Éditions de l'Archipel
département éditorial
de la S.A.R.L. Écriture-Communication

Imprimé en France
N° d'impression : 46997
Dépôt légal : avril 2008